幼少期の運動遊び指導入門

元気っ子を育てる運動遊び

坂口正治
嶋﨑博嗣 編

創文企画

はじめに

　近年、子どもたちが、大きなかん高い声を上げて外で遊ぶ姿を目にすることが少なくなったように思います。これは都市化の進展や社会環境の変化から、子どもたちが自由に自発的に遊ぶ環境、遊べる環境が失われていることに起因していると思われます。かつて、子どもたちの遊び場であった空地や路地、川や林など、子どもの冒険心を膨らますような遊びの空間が、事故を恐れて遊んではいけない空間になってしまっているようです。

　かつて私たちがそうであったように、子どもの遊び集団は、いつも決まった場所（神社や寺の境内であったり、田・畑であったり、空き地であったり、路地であったり）に行くと多くの仲間がいて、年長者のリーダーシップにより遊びが展開されていたように思います。知らない遊びでも一緒に遊んでいるうちになんとかルールを覚え、その遊びを年少者へと伝えていったことを今でも鮮明に覚えています。こうした遊びの経験から、年長者への憧れや尊敬、そして年少者へのいたわりの心が培われていったように思います。

　遊びは、知的にも体力的にも自信を育てると同時に、仲間との楽しさの共有と仲間を思いやる心など、遊びを通して仲間との相互理解に繋がっていくのです。それは自分を育て他者を活かし、お互いが成長しているのだと思います。子どもたちの遊びは、まさに遊びから学び、そして成長しているのです。しかし今、遊べない、遊ばない子どもたちが増えています。遊ぼうとするなら遊び仲間がいて、遊ぶ場所があって、遊ぶ時間が必要です。

では今の子どもたちはなぜ遊ばないのでしょうか。また、なぜ遊べないのでしょうか。

　子どもは本来、からだを動かし、動き回っていることが自然であり、じっとして動かずにいることの方が不自然です。幼少期から親と子が楽しく遊ぶことにより、ともに楽しさを感じ、そこから親子の信頼関係が生まれ、親子の絆が一層強くなるのではないでしょうか。まずは家族の中で親と子が楽しく遊び、地域の中で遊び仲間を作ることが必要でしょう。また、保育の現場で様々な遊びを実践していくことにより、遊びの広がりが生まれてくるのだと思います。多くの仲間と遊ぶことにより、子ども同士がお互いに影響し合って成長していくのです。

　今、社会では子どものさまざまな問題が問われています。子どもがもっと子どもらしく自由に遊べる時間と、楽しく遊べる空間と、楽しく遊べる良き仲間と、創造性をともに発揮できる遊び環境を保障するための努力が必要なのではないかと思います。

　そこで本書は、主に保育者および保育者養成校の学生を対象として、子どもの健やかな育ちを視野に入れた運動遊びの展開視点および指導上の留意点についてまとめ、保育実践の手掛かりが得られる内容を目指しました。また、本書で取り扱う子どもは、おおよそ8歳以下の小学校低学年までの子どもとし、「幼少期」という言葉を使って説明しました。さらに、単なる遊び集にとどめるのではなく、第1章では、幼少期の「運動遊びと発達

の関わり」「発育・発達の道筋」「展開にあたって大事にしたいこと」といった運動遊び指導を行う上での基礎・基本を確認し、保育における意図性や計画性の大切さについて解説しました。その上で、第2章では、7つの側面から遊びの提案を行いました。遊びの発展性を考慮して「味付け」欄を設けると共に、言葉掛けや安全管理の注意点を「楽しく遊ぶために」欄にまとめました。本書が、保育者を志す学生や保育現場の保育者の皆様の豊かな保育を創造するための一助になれば、執筆者一同、大変うれしく思います。そして、豊かな保育実践の展開が元気っ子を育て、子どもの健やかな育ちにつながれば、この上ない幸せです。

　最後になりましたが、本書を出版するにあたり、創文企画の鴨門義夫氏、鴨門裕明氏には企画の段階から多くのご助言をいただき、大変お世話になりました。また、イラスト作成は、市野澤未来さん（現：厚木緑ヶ丘幼稚園教諭、東洋大学ライフデザイン学部生活支援学科子ども支援学専攻卒業）の多大なる協力を得ました。心より感謝申し上げます。

　　　　　　　2015年　5月
　　　　　　　　編著者　坂口正治
　　　　　　　　　　　　嶋﨑博嗣

幼少期の運動遊び指導入門
元気っ子を育てる運動遊び
目　次

はじめに…1

第1章
運動遊び指導の基礎・基本…7

1. 運動遊びはいろんな発達に影響する…9
    1)「動く」について考える…9
    2)「動く」と「発達」の関わり…9
2. 子どもの発育・発達の道筋を知ろう…11
    1) からだ…11
    2) こころ…12
3. 運動遊びの展開にあたって大事にしたいこと…14
（1）活動前の留意点…14
    1)「ねらい」を持つ…14
    2)「実態」をつかむ…14
    3)「指導の重点」を考える…14
    4)「プログラム」を作成する…16
    5)「安全管理」を徹底する…18
    6) 実践の「評価」を意識する…18
（2）活動中の留意点…19
    1) 物的環境を整える…19
    2) 人的環境を整える…20
（3）活動後の留意点…21
    1) 日々の保育を振り返る…21
    2) 実践研究の枠組み全体から保育を振り返る…21
    3) 分かち合う…22

第2章
さあ、子どもと遊んじゃお！…25

第1節
ペア・エクササイズ…27

1　空気手裏剣…28
2　知恵の輪…29
3　いろいろ相撲…30
4　あんたがたどこさ…31
5　立ちしゃがみ＆バランス…32
6　背中遊び…33
7　足裏バランス…34
8　ミラーマン…35
■今を見つめ未来を考える：遊びの三間（サンマ）…36

第2節
まねっこ・かけっこ・鬼ごっこ…37

1　まねっこ遊び…38
2　かけっこ遊び１…41
3　かけっこ遊び２…43
4　鬼ごっこ１（「追う―逃げる」鬼ごっこ）…45
5　鬼ごっこ２（「助ける―復活する」鬼ごっこ）…46
6　鬼ごっこ３（チームで競い合う鬼ごっこ）…47
7　鬼ごっこ４（図形を利用した鬼ごっこ）…48
■今を見つめ未来を考える：子どもの活動量…49

第3節
身近なもので遊んじゃお…50

1　新聞紙を見立てて遊ぼう…51
2　新聞紙を破いて遊ぼう…52
3　新聞紙を破らないように遊ぼう…53
4　新聞紙を創って遊ぼう…54
5　すずらんしっぽで遊んじゃお…56
6　すずらんポンポンで遊んじゃお…57
7　タオルで遊んじゃお…58
8　ハンカチを使ってみんなで遊ぼう…59
■今を見つめ未来を考える：遊びの創意工夫…60

第4節
移動遊具で遊んじゃお…61

1　マット遊びアラカルト…62
2　とび箱遊びアラカルト…64
3　ボール遊びアラカルト…66
4　フープ遊びアラカルト…68
5　なわ遊びアラカルト…70
■今を見つめ未来を考える：遊びの中の動き…72

第5節
自然といっしょに遊んじゃお…73

1　園庭で…76
2　園外の自然1：散歩で…78
3　園外の自然2：河原で…80
4　園外の自然3：里山で…82
5　自然といっしょに楽しく遊ぶために…84
■今を見つめ未来を考える：子どもの自然体験と発達…85

第6節
伝承遊びを楽しんじゃお…86

1　凧揚げ…87
2　独楽（コマ）回し…88
3　お手玉（おじゃみ）…89
4　めんこ…90
5　竹馬…91
6　石けり…92
7　缶けり…93
8　あぶくたった…94
9　はないちもんめ…95
10　だるまさんがころんだ…96
11　とうりゃんせ…97
■今を見つめ未来を考える：伝承遊びと本質…98

第7節
親子で遊んじゃお…99

1　フワフワブランコ…100
2　くっつき虫…101
3　氷人間…102
4　手押車…103
5　膝ノリノリバランス…104
6　地球一周…105
7　いろいろトンネル…106
8　ドライブ…107
■今を見つめ未来を考える：親子のふれあい時間の減少…108

執筆者紹介…110

第1章

運動遊び指導の基礎・基本

　第1章では、運動遊び指導を行うにあたっての前提（基礎・基本）を3つの観点から説明します。まず、幼少期の運動遊びが発達とどのように関連しているのかを説明します。次に、幼少期の発達の道筋を「からだ」と「こころ」に分けて、代表的な理論に基づき特徴を説明します。そして最後に、運動遊びの展開について、「活動前」「活動中」「活動後」の3つに分けて留意点を説明します。

1. 運動遊びはいろんな発達に影響する

1）「動く」について考える

子どもが遊んでいる場面を思い出してください。いろんなモノやコトに興味を示し、目を輝かせながら動き回る姿が思い出されます。

A児：「私、こんなにジャンプできるよ！」
B児：「私だって、ここを跳びこすことができるよ!!」
C児：「じゃ、これはできる？」

この会話は、からだを使った遊びの自慢が交わされています。

A児：「次は氷鬼しよう！」
B児：「さっき氷鬼したから、次は色鬼にしたい！」
C児：「Aちゃんばっかり遊びを決めるから、私もBちゃんの遊びがいい！」

この会話は、遊び内容を考えたり、何をして遊ぶのかを調整するといった人との関わりが交わされています。

A児：「この日陰の所はヒンヤリしている」
B児：「滑り台の鉄の所、すごく熱い！」
C児：「2階の屋根はもっと熱かったよ！行ってみよう！」

この会話は、遊びの中で色々な偶然に遭遇し、色々な発見が交わされています。

しかし一方で、元気に遊んでいる友達を恨めしそうに、ポツンと見ている子どもを見かけることもあります。その子の様子を観察すると、次のような場面に出くわしました。友達から「鬼ごっこしよう！」と誘われましたが、暫く考えて、「見ているからいい…」と返答していました。また、「サッカーしよう！」と誘われても、「ボク、審判するからいい…」と答えていました。その子は動きがぎこちない子でした。

幼少期は「動く時代」と言われます。動きながら、多くのことを学んでいきます。しかし、友達と同じレベルで動くことができなければ、友達と遊びを共有することが難しくなっていきます。友達と同じレベルで無理なく「動く」ことができるという意味を、保育者はしっかり捉えておく必要があります。

2）「動く」と「発達」の関わり

保育所の4・5歳児の竹馬遊びを観察した研究があります（小林：1998）。バランスをとり、手と足を連動させながら前進する竹馬は、技術が要求される遊びです。継続的に観察すると、竹馬の高さや歩く路面（一本線を歩く、凸凹道を歩くなど）を変えるなど、遊びに変化が出ていきます。そうした中で、竹馬が上手く出来る子どもは、竹馬に乗ったままで友達と会話を楽しんだり、いろんな場所に行って楽しんだり、次の技に挑戦して試行錯誤したり、仲間同士でその出来栄えを認め合ったりする中で、満足感や達成感を得ている姿が観察されたそうです。

また、幼稚園の5歳児に対して運動遊びが上手か下手かをインタビューによって尋ねた後、担任教師に普段の子どもの姿を評価してもらい、その関連性を検討した研究があります（杉原：1985）。その研究結果によると、運動遊びが上手であると回答したグループの子どもは、日頃の自信や積極性、仲間との協調性が全般的に高かったことが報告されています。そして、こうした運動が上手にできるという運動有能感を持つことが、肯定的な自己概念の形成につながっていくことが指摘されました。つまり、自分は運動遊びが上手だと自信が持てる子どもは、先生からの評価も高かったという結果であり、幼い頃の活動的な遊びが上手にできるという自信が、自分を肯定的に認めていく自己イメージにもつながることが指摘されたわけです。これらの研究から、同年齢の仲間と同水準に動くことができるということが多面的な発達につながることがわかります。

図1は、運動遊びと全面発達との関連を示し

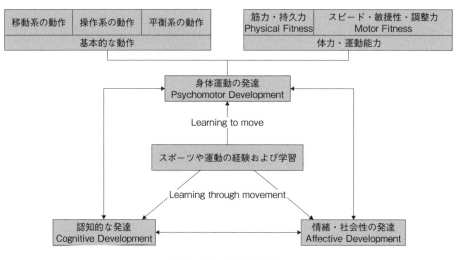

図1　運動の経験や学習

出典：宮丸凱史（1988）「幼児期の遊びとからだの育ち」『子どもの遊びとからだ・こころ研究会第1回シンポジウム報告書』富士ゼロックス小林太郎記念基金.
原典：Gallafue, D.L.(1976): Motor development and motor development experiences for young children, John Wiley & Sons, Inc. New York.

たものです（宮丸：1988）。この図は、運動遊び経験が「身体運動の発達」に直接貢献する（Learning to move）だけでなく、動くことを通して人やモノとの出会いを拡大させ、「情緒・社会性の発達」や「認知的な発達」にも反映すること（Learning through movement）を示しています。

先に示した竹馬遊びの観察にも当てはまりますが、竹馬遊びを極めていくと身体能力や技能（身体運動の発達）へ直接的に影響します。また、友達と遊びを共有することによって、感情交流が促され仲間関係が深まったり（情緒・社会性の発達）、遊びの中でいろんな発見や新たな気づきが生まれる（認知的な発達）といった影響にもつながってくるのです。

幼少期は、それぞれの発達領域が個別に発達するのではありません。相互に補い合いながら発達していくという相互補完性という特徴があります。

2．子どもの発育・発達の道筋を知ろう

1）からだ

子どものからだの発育・発達には特徴があります。例えば、赤ちゃんは頭でっかちで、手足は短く、大人のプロポーションとは大きく違います。子どもは大人のミニチュアではありません。また、身長や体重は新生児期が最も伸び、次いで小学校の高学年頃からの発育が顕著で、同時に初潮や精通も起こってきます（第2次性徴）。このように発育・発達は連続性や順序性を持って進んでいきますが、一定のスピードで進むわけではありません。図2は、ヒトが大人（20歳）になるまで一定のスピードで進むわけではないことを表したスキャモンの発育・発達曲線です（Scammon: 1927）。「神経型」「一般型」「リンパ型」「生殖型」の4つに分類し、成人を100％とした場合に、各年齢でどの程度発育が進んでいるかを示したものです。幼少期の運動遊びとの関連で考えたとき、「神経型」と「一般型」が注目されます。器用さやリズム感に関わる「神経型」は6歳の段階で90％に到達しています。しかし、骨や筋肉の発育に関わる「一般型」は約40％にしか到達していません。つまり、こうした幼少期のからだの発育・発達の特徴を考慮に入れると、運動遊びを展開する際、巧みな動きやすばしっこさなど「神経型」の育ちを意識することがとても重要です。一方で、腕立て伏せや腹筋などの筋力に関わる活動、マラソンなどの持久力に関わる活動は「一般型」に属します。これらの活動は、第2次性徴の頃から急激に発達していくことを考慮すると、幼少期の発育・発達の特徴とは合致しません。従って、幼少期の筋力トレーニングや持久力トレーニングはナンセンスということになります。

これまで説明してきた人間の発育・発達の特徴を、運動能力や体力の発達の観点からまとめたものが図3です（宮下：1987）。この図は、「身長」「動作の習得」「ねばり強さ」「力強さ」の4つの側面から描かれています。幼児期から小

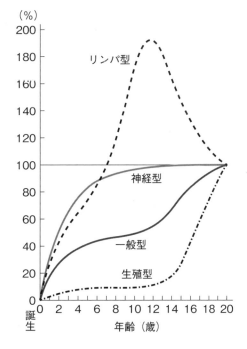

図2　スキャモンの発育・発達曲線

出典：ScammonRE(1927) The first seriatin study of human growth. Am J Phys Anthropol,3, 329-336.

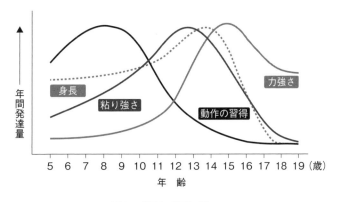

図3　発育・発達パターン

出典：宮下充正（1987）『体育とはなにか』大修館書店.

第1章　運動遊び指導の基礎・基本

学校中学年くらいまでは「動作の習得」の敏感期であることがわかります。いろんな動きを体験し、多様な動作を獲得するのに適した時期です。いろんな活動を通して、平衡性・敏捷性・柔軟性・巧緻性といった調整力を向上させたいものです。次の波は「ねばり強さ」です。小学校高学年以降から「ねばり強さ」は徐々に高まっていきます。「ねばり強さ」とは持久力であり、運動を継続させる力が伸びることを表しています。最後の波は、筋力に関わる「力強さ」が中学校期以降に高まってきます。

こうした発育・発達パターンを把握して、子どもの遊びや活動に関わることが、子どものより良い育ちにつながっていくことは言うまでもありません。

2）こころ

こころの発達について、認知的な側面の"考える力"と、社会的な側面の"関わる力"に焦点を当てながら、代表的な理論を取り上げて特徴を整理します。

まず、"考える力"についてです。ピアジェ（J. Piage: 1947）は、様々な実験や観察から、人間が生まれてから成長していく過程で、どのように考える力が育っていくのか、いわゆる認知機能がどのように発達するのかを調べました。その結果をまとめたものが表1です。認知発達は、大きく3つの段階に分かれます。ここでは、幼少期の運動遊びの展開を考慮して、特に第2段階までを中心に説明します。

第1段階は「感覚運動期」です。おおむね乳児期（0〜2歳）が当てはまります。触る、見る、聞くといった感覚や、落としたり、噛んだり、掴んだりといった運動、すなわち「外的運動」によって外界をわかっていく段階です。しかし、目の前のものが隠されると、それがこの世からなくなってしまったように最初は振舞いますが、体感的な関わりの中から次第に事物の永続性を理解していき、それが心の中で考えること（表象＝イメージ）の獲得につながっていきます。

第2段階は「前操作期」です。おおむね幼児期（2〜7歳）に当てはまります。前操作期は大きく2つに分けられます。前操作期では表象の能力を使って、象徴遊び（ごっこ遊び）、描画、心像（見たり聞いたりしたことを思い浮か

表1　ピアジェ（Piaget）の認知発達の流れ

年齢	0〜2歳	2〜4歳	4〜7歳	7〜12歳	12歳以降
発達段階	感覚運動期	前操作期		操作期	
		象徴的思考段階	直感的思考段階	具体的操作期	形式的操作期
	自己の感覚知覚体験が運動を繰り返させる段階。	心的イメージが形成される段階	自己の知覚が優先して物事を捉える段階	知覚されるものに対して論理的な考えが可能になり、推論することが可能になる段階	仮説に基づき論理的かつ抽象的思考が可能になる段階
		自己中心性 ──────→		脱中心化	
発達特性	感覚運動の繰り返し 目と手の協応 動作の模倣 物の永続性の成立 音声模倣 予測の成立 機能遊び ⇒ガラガラ 物をいじって探索 等	ことばの発達 イメージの発達 見立て・象徴遊び ⇒ままごと、○○ごっこ等 構成（制作）遊び ⇒描画、積木、粘土 等	自己中心的知覚 自己中心的言語（独り言 等） イメージの使用 ⇒ごっこ遊びや空想的遊びの拡大	論理的操作の発達 ⇒知覚的特徴に左右されない 保存の概念（量・数） 分類・系統化 帰納的推論（個々の事例から共通の性質を見つける）	三段論法（推論律）

以下文献を参考に嶋﨑作成

出典：Piaget, J.(1947) La psychologie de l' intelligence. 波多野完治・滝沢偉久（訳）(1982)『知能の心理学』みすず書房.

2. 子どもの発育・発達の道筋を知ろう

べる働き)、言語といった行動が現われてきます。しかしこの時期の子どもは、まだ「保存の概念」を持っていません。例えば、物の見かけが変わると、その数や量も変わったと判断します。また、自分と他人の立場の違いが理解できず、他人も自分と同じように見たり感じたりしていると考える自己中心性の特徴があります。

第3段階は「操作期」です。大きく2つに分けられ、前半の「具体的操作期」は児童期(7～12歳)、後半の「形式的操作期」は青年期以降(12歳～)となります。

以上のような認知機能の育ちを考慮すると、2歳まではモノに触ったり、その感触を楽しんだりするような遊びが、また、それ以降は象徴機能が発達することを考慮すると、イメージを伴った遊びの展開が発達の道筋にあっていると考えられます。

次に、"関わる力"についてです。パーテン(Parten, M.B: 1932)は、子どもが遊んでいる場面を観察して、子ども同士の関わり方(社会的相互交渉)を6つの段階に分類しました。それをまとめたものが表2です。

①「何もしない行動」から④「平行遊び」までは、友達との関わりは見られません。はっきりとしたイメージを持たず、他の子どもの遊びを見ている状態から、次第に自分の世界で遊ぶ段階を経て、他の子どもの近くで似たような遊びをする段階へと変化していきます。そして、⑤「連合遊び」以降は友達と関わる遊びへと変わっていきます。同じ空間は共有していますが、それほど友達との関わりは強くなく、各自が自分のイメージで遊んでいる「連合遊び」の段階から、結び付きが強く、遊びのイメージが共有され、役割分担が形作られた「協同遊び」の段階へと変化していきます。このように年齢が上がるにつれて「一人遊び」「平行遊び」が減少し、次第に「連合遊び」「協同遊び」といった友達との組織的な遊びが増加していきます。

以上のような遊びにおける仲間関係の育ちを考慮すると、年齢が上がるに従って、徐々に友達との関わりを広げていくような遊びの展開が発達の道筋にあっていると考えられます。

表2 "関わる力(人との関わり)"から見た遊びの発達段階

分類	遊びの定義と活動例
①何もしない行動	特に何かをして遊んでいるとは言えず、自分の身体を触ったり、反復的な動作をしている。 (例)ボ〜ッとしている、髪の毛をいじる等
②一人遊び	近くで遊んでいる子どもが使っているのとは異なるおもちゃで1人で遊んでいる。お互いに関わりがない状態。 (例)積み木で遊んでいる子の傍で、描画をしている等
③傍観的行動	他の子の遊びをみている。声をかけたりするが遊びそのものには入らない。
④平行遊び(2.3歳から)	他の子どもの傍で同じようなおもちゃで遊んでいるが、一緒に遊んでいない。 (例)他の子が砂場でケーキを作っている時にお団子を作っているが、お店屋さんごっこに発展していかない等
⑤連合遊び(2.3歳から)	集団で遊んでいるが、目的意識やはっきりした役割分担が見られない遊び。 (例)単にみんなで走り回っている状態、積み木や砂場で何かをみんなで作っているがイメージが共有されていない状態
⑥協同遊び(3.4歳から急激に出現)	集団の中で、目的意識やはっきりした役割分担が見られる遊び。 (例)お店屋さんごっこで売り手と買い手に分かれて遊ぶ等

以下文献を参考に嶋﨑作図
出典:Parten, M.B.,(1932) Social participation among pre-school children, Journal of Abnormal and Social Psychology, 27, 243-269.

3. 運動遊びの展開にあたって大事にしたいこと

（1）活動前の留意点

1）「ねらい」を持つ

　保育者の資格を希望する学生は、子どもが好きであるとか可愛いという理由を挙げることが多いものです。出発点として、その意識はとても大事です。ただ、保育者は、単に子どもを遊ばせていればいいわけではありません。

　保育は、子どもの全面発達を視野に入れた意図的・計画的な営みです。そのことを明確に意識し、保育に「ねらい」を位置づけることが大切です。「ねらい」は「願い（思い）」です。「ねらい」は多様です。『機敏な身のこなしを身につけて欲しい』『からだを動かす爽快感を味わって欲しい』といった身体的側面に関わること、『いろいろな遊び方を考え出して欲しい』『有効な作戦や戦略を考え出して欲しい』といった知的側面に関わること、『友達の良さに気づいて欲しい』『力を合わせる心地よさを味わって欲しい』といった社会的側面に関わることなど、保育者の「願い」は多様です。こうした保育者の「願い（思い）」を「ねらい」に落とし込み、発達段階を考慮しながら「内容」を構成していくことが大事になります。単に○○のゲームが面白いから、その遊びを取り入れるのではありません。子どものどのような育ちを促したいのかが重要になるのです。「ねらい」の設定と「内容」の選択が逆転しないように注意する必要があります。

2）「実態」をつかむ

　「ねらい」を設定するにあたり大切にすべき観点として、子どもの生活「実態」を捉えることが大切になります。今、子どもの暮らしの中で、何が問題であり、その問題が子どもの発達にどう影響しているのかを具体的に考えた上で「ねらい」を設定することが重要です。

　2012年文部科学省は『幼児期運動指針』を策定しました。その中で、現代の子どもの遊び状況と生活習慣の問題点を指摘しています。実際に、子どもの暮らしに目を転じてみると、様々なものが機械化され便利になりました。一方で、都市化による交通事情の悪化や凶悪犯罪の横行により保護者の不安は高まり、降園後、積極的に外遊びを促すような状況ではないのが現状です。こうした背景により、子どもの遊びは室内化し、からだを動かす機会が減少しました。玩具も既製品が横行する中で創意工夫する機会も少なくなっています。また、都市開発が進み自然環境も大きく変化する中で、自然との触れ合いから様々なことを学ぶ機会も少なくなっています。

　このように子どもの暮らしの在り方が大きく変化する中で、保育者は、現在の子どもの生活実態を把握し、優先順位を考えながら、発達に必要と考えられる体験の中味を吟味することが大切になります。「実態」を掴んだ上で、発達を見通した「ねらい」を定めることは、保育の意図性をより確かなものにします。同時に、今、何故この保育を行っているのかという保育実践の羅針盤にもなります。

3）「指導の重点」を考える

①指導の姿勢を意識する

　幼少期の運動遊び指導はどのような点を重視すべきなのでしょうか？　運動遊び指導といえば、「○○ができる」といった運動技能の習得が大きな目標のように捉えてしまいがちですが、果たしてそうでしょうか？　もちろん様々な運動技能を習得していくことは重要です。しかし、跳び箱遊びを例に取っても、開脚跳びで5段跳べるといった技能的側面だけではなく、第2章で紹介している跳び箱には多様な遊び方

が存在し、多様な側面の発達が期待できます。具体的には、遊び方を考え出す、遊びの過程の中で仲間関係を深める、整理整頓とケガの関わりを考えるなど、保育者の働きかけによって運動技能の獲得の他にも多くの発達が期待できるのです。運動遊びの指導は、運動技能の習得のみを目的に考えるのではなく、全面発達を促すための手段として捉えることを忘れないようにしたいものです。

上に示したような点を、保育者の運動遊び指導の姿勢に当てはめて考えてみましょう。大きく2つの方向性があると思います。A保育者は開脚跳びが何段跳べるかといった「できること」を重視した指導であるのに対して、B保育者はいろんな使い方をしながら意欲的に遊ぼうとする「やろうとすること」を重視した指導です。重視すべき視点が異なることによって、子どもの心持ちは大きく変わると考えられます。A保育者の場合、何段飛べるかという能力や課題達成が重視されているのに対し、B保育者の場合、それぞれが能力に合わせて遊び方を考え出し、「見る─見られる」関係の中で遊びをより発展させ、意欲的に遊びに取り組もうとする姿勢が重視されることになります。表3は、運動遊び指導の2つの視点とその相違をまとめたものです。重視すべき視点が違うことによって、「関係性」「働きかけ」「保育者の姿」「期待される子どもの姿」は大きく違ってきます。ただし、この2つの視点は、どちらが正しいかといった二分法的に捉えるものではありません。ここで

3．運動遊びの展開にあたって大事にしたいこと

重要なのは、指導の姿勢が「できること」に傾き過ぎると問題です。子どもの発達と運動遊びの関連性を考慮しながら、「やろうとすること」に主軸を起きながら、状況に応じて「できること」を意識した指導も組み込んでいく姿勢が大事になります。幼少期という発達段階を考慮すると、様々な運動遊びを楽しい雰囲気の中で展開し、からだを動かすことが好きになり、いろんな運動に抵抗なく取り組もうとする意欲作りに目を向けた指導を大事にしたいものです。

②動作習得の適時期であることを意識する

先に幼少期の運動遊び指導は意欲作りといった心に目を向けることの大切さを指摘しました。一方で、幼少期は動作習得の適時期です。仲間と同水準に動くことのできる状態が全面発達に大きく関わることも指摘しました。こうした点を考慮すると、子どもの興味・関心に配慮しながら、多様な動きを運動遊びの中に意図的に組み入れていくことが重要になります。

ギャラヒュー（Gallafue, D.L: 1976）は、運動発達の段階を4つの階層で示しており、2・3歳頃から6・7歳頃を「基本的運動の段階」と位置付けています（図4）。この段階は、人間が生涯に渡って使用する多様な「基本的運動動作」を遊びの中で学習する、動作習得の適時期です。

では、どのような動きを体験することが求められるのでしょうか。体育科学センター（1980）は、幼児期に獲得させたい基本的運動動作とし

表3　運動遊び指導の2つの視点とその相違

2つの視点	「できること」の重視	「やろうとすること」の重視
運動遊び指導の重点	技能の獲得・習得、勝敗など 課題達成という結果を重視	意欲、創意工夫、挑戦、努力など 取り組もうとする一連の過程を重視
保育者と子ども との関係性	「縦」の関係性 保育者が主導し、子どもは従う	「横」もしくは「斜め」の関係性 提案する／共有する／協同する／共に動き・考える
保育者の主な働きかけ	指示・禁止・命令など	提案・励まし・ヒントなど
保育者の姿	合理的・効率的に課題達成に導く姿勢	子どもと共に楽しむ姿勢
期待される子どもの姿	課題を達成する、克服する	楽しみながら意欲的に遊びに参加する

第1章　運動遊び指導の基礎・基本

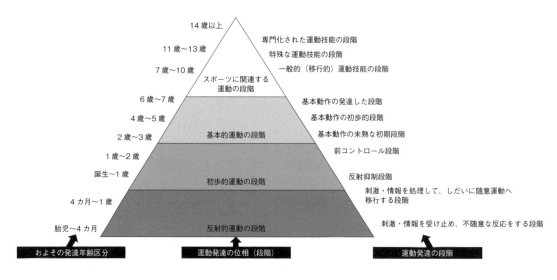

図4　運動発達の段階と年齢区分
出典：宮丸凱史（1988）「幼児期の遊びとからだの育ち」『子どもの遊びとからだ・こころ研究会
　　　第1回シンポジウム報告書』富士ゼロックス小林太郎記念基金．
原典：Gallafue, D.L.(1976): Motor development and motor development experiences for young
　　　children, John Wiley & Sons, Inc. New York.

て3系統84種類の動きを提案しました（表4）。そして、保育カリキュラムに意図的に導入することを提言しています。ただし、基本的運動動作を訓練的に運動学習させればいいわけではありません。動作習得の適時期だからといって、保育者が子どもの興味・関心に配慮せずに保育を展開すれば、拒絶反応を示す子どもは少なくないでしょう。子どもが自ら『発達に深く関わるから、いろんな動きを経験しよう』とは思いません。保育者の言葉がけや環境からの刺激を受けて『面白そう！』『やってみたい！』という気持ちが生まれ遊び始めるのです。"運動の中で遊ぶ"のではなく、"遊びの中で運動する"のです。保育者は、子どもの発達特性や興味・関心に配慮しながら、いかに遊びの中で多様な動きを位置づけていけるかが腕の見せどころとなります。

ちなみに、本書の第2章第2節の「まねっこ・かけっこ・鬼ごっこ」では、動作の多様性を意識した遊び方を提案しています。例えば、46ページの〈氷鬼〉を発展させ、〈木鬼〉や〈山鬼〉へと変化させるなかで、遊びに含まれる動作は拡大します。鬼に捕まった子どもが生き返る方法を工夫することによって、動きのバリエーションは拡大します。

4）「プログラム」を作成する

保育者は子どもの実態を捉え、具体的な育ちを意識して「ねらい」を設定します。その際、子どもの発達特性を考慮することは言うまでもありません。ここでは、「からだを動かすことへの肯定感を抱くこと」を第1の優先課題として、運動遊びプログラム作成について6つの視点からまとめます。

①能力差が顕著にあらわれないこと

同じクラスでも月齢によって約1年の開きがあります。個人差を十分配慮する必要があります。

②ルール・勝敗にこだわり過ぎないこと

大人のスポーツ文化としてのサッカーを求め、ルールや勝敗といった大人側の論理を子どもに押付けすぎると、遊びの精気は失われてしまいます。

③活動にアクセントをつけること

3．運動遊びの展開にあたって大事にしたいこと

表4　幼児期までに獲得させたい84種類の基本的運動動作

カテゴリー	動作内容	個々の動作				
平衡系の動き (Stability)	姿勢変化	たつ・たちあがる	さかだちする	わたる		
	平衡動作	かがむ・しゃがむ	おきる・おきあがる	あるきわたる	ねる・ねころぶ	つみかさなる・くむ
		ぶらさがる	まわる	のる	うく	ころがる
		のりまわす				
移動系の動き (Locomotion)	上下動作	のぼる	とびあがる	とびおりる	あがる・とびのる	はいのぼる・よじのぼる
		すべりおりる	とびつく	おりる	とびこす	
	水平動作	はう	すべる	ギャロップする	およぐ	はしる・かける・かけっこする
		おう・おいかける	あるく	スキップ・ホップする	とぶ（跳ねる）	ふむ
		2ステップ・ワルツする				
	回転動作	かわす	もぐる	はいる・はいりこむ	かくれる	にげる・にげまわる
		くぐる・くぐりぬける	とまる			
操作系の動き (Manipulation)	荷重動作	かつぐ	うごかす	つきおとす	ささえる	こぐ
		なげおとす	はこぶ・はこびいれる	おこす・ひっぱりおこす	おぶう・おぶさる	もつ・もちあげる・もちかえる
		おす・おしだす	あげる	おさえる・おさえつける		
	脱荷重動作	おろす・かかえておろす	おりる		もたれかかる	うかべる	もたれる
	補足動作	つかむ・つかまえる	うける（とる）	まわす	とめる	うけとめる
		つむ・つみあげる	あてる・なげあてる・ぶつける	わたす	ころがす	いれる・なげいれる
		ふる・ふりまわす	ほる			
	攻撃的動作	たたく	くずす	ひく・ひっぱる	つく	ける・けりとばす
		ふりおとす	うつ・うちあげる・うちとばす	たおす・おしたおす	すもうをとる	わる
		しばる・しばりつける	なける・なげあげる	あたる・ぶつかる		

※網掛け部分は、中村和彦（山梨大学）らによって84種類から36種類に絞って提唱されている基本的運動動作を示す。
出典：体育カリキュラム作成小委員会（1980）「幼稚園における体育カリキュラム作成に関する研究」体力科学8．

「走る」という動作を1つとってみても、「速度：遅／速、緩／急」「方向：上／下、左／右、前／後」「様態：動／静、強／弱」「人数：個／複」など、その展開は多様です。また、これらの要素を組み合わせると動きの難易度も変化します。子どもが無理なくできることから出発し、段階的に意欲をもって取り組めるよう、活動にアクセントという"味付け"を施すことが重要です。

④イメージやストーリー性を加えること

2歳位から表象作用が獲得され、様々なモノを見立てて遊ぶことが可能になることは指摘しました。こうした幼少期独自の発達的特徴を活用することにより遊びは拡大します。先に示した「走る」という動作でも、単に走るのではなく、「風のように走ってみよう」「忍者のようにシュッと駆け抜けよう」というイメージを与えるだけで、子どもの心模様は大きく変化します。

⑤環境を活かすこと

各園の人的環境や物的環境は多様であり、必ず独自性は存在するものです。保育者・保護者・地域の方の特技や特性といった人的環境や、身近な自然環境をはじめ、地域の文化や産業などの物的環境を保育に取り入れることは有効な方法の一つです。

⑥興味・関心を重視し、自発性を大切にすること

　最後に最も大切にしたい視点として、子どもの興味・関心を意識した遊び内容を取り入れることです。子どもがどのようなことに興味や関心を持って暮らしているのかを観察し、それを遊び内容に組み込むことによって遊びは拡大します。

5）「安全管理」を徹底する

　事前に使用する「遊具（教材）」や「場」の安全管理を行う必要があります。

　まず、「遊具（教材）」の安全管理についてみると、鉄棒・滑り台・ジャングルジムなどの固定遊具は、ボルトや支柱の劣化・腐食状況、身体接触面の滑らかさなどを確認する必要があります。移動遊具であるボールは空気の抜けを、フープ・リレーバトンなどプラスチック製のものはひび割れを、一輪車・スクーターなどはボルト位置や絞り具合、空気圧を確認することが大切です。また、移動・固定遊具のみならず、様々な生活物を教材として使用する場合、例えば、段ボールなどは、事前にピンの取り外しを徹底する必要があります。ここに取り上げていない教材はたくさんありますが、事前に危険を予測して、それに基づいた点検を行なうことが大切です。

　次に「場」の安全管理についてみると、ホールであれば、最低限、床の状況やモノの配置に留意する必要があるでしょう。ホールの床が腐食でささくれてないか、ピアノ・ロッカーの配置が適切か（子どもが衝突しないか）など、必要に応じて環境を整える必要があります。園庭であれば、最低限、小石・ガラスの除去やプランターの位置の良否はチェックが必要でしょう。

　こうした安全管理のチェックは、指導の前に行うことはもちろんのこと、チェックリストに基づいて、日常的に、定期的に点検することが望まれます。

6）実践の「評価」を意識する

　今、多くの分野で「根拠に基づいた（Evidence-Based）」という表現が見られるようになりました。保育が意図的・計画的な営みであるとするならば、保育者の意図性が子どもの発達や生活にどのように反映したのか、その根拠を明確化することはとても大切な作業になります。

　本書は運動遊びを主題としているので、運動遊びの実践を例に挙げて、考えてみたいと思います。例えば、「ねらい」として『身体を思い切り動かし、規則正しい生活リズムを身につける』が挙げられたとします。その際、何をどのように評価していくのか、事前に想定して実践を進めていくことが大切です。評価の観点としては、運動量や運動能力といった身体的側面、起床就寝時刻や排便状況といった生活習慣に変化が生じる可能性があります。こうした予想に基づいてデータを収集し、その変化を客観化する姿勢（仮説―検証）を大事にしたいものです。

　以前、兵庫県明石市立高丘西幼稚園で運動遊び実践のお手伝いをさせていただきました。実践の詳細は、拙著『健康保育の科学』（みらい刊）を参照いただければと思いますが、その実践時の保護者の反応が印象に残っています。実践効果を推定するために収集した歩数・体温・起床就寝時刻に関わる個人データを、全体平均値を添えて数回にわたりフィードバックしました。保護者の反応は非常に大きいものでした。我が子の具体的な"事実"を知ることが、運動量の確保や生活リズムの重要性といった"実感"につながったのかもしれません。"事実"は"実感"を突き動かす原動力になると思います。なお、先に客観化された指標の有効性を述べましたが、客観化が難しい指標もあります。例えば、子どもの心情や意欲をどのように評価するかはたいへん難解です。そうした場合、日々の保育実践エピソードの収集を重ね、有効性を示すのも1つの方法です。

いずれにしろ、保育実践の評価を事前に想定し、量的データ（運動能力調査や生活調査など数値に置き換えることのできる客観データの収集）と質的データ（エピソード記録やインタビュー調査など事例的事実の収集）の双方から実践効果を検討することは重要です。

（2）活動中の留意点

1）物的環境を整える

ここでは、「空間の設定」・「モノの提供」・「時間の保証」の3つの観点から物的環境を整える視点をまとめます。

①空間の設定

保育者は子どもが遊びに集中できる空間を提供することが大事です。様々な遊びが1つの空間に混在すると、遊びは停滞します。接触等による危険度も増します。例えば、ボール遊びを行う傍で、ままごと遊びが展開されている状況を想像してみてください。ボール遊びはからだをダイナミックに動かすことが可能な空間が必要であり、ままごと遊びはイマジネーションを駆り立てしっとり遊びを展開できる空間が求められます。空間の設定は、遊びの特性（内容・方法・規模など）を考慮することが大切です。また、普段の子どもの行動観察に基づく動線に配慮しながら空間を設定する必要があります。特に、静と動のバランスに配慮し、テープを張る、白線を引く、棚で仕切るなど、活動の境界がある程度明確に解ることが求められます。

ただし、保育者は時々刻々と変化する子どもの遊びの発展の流れを読みつつ、柔軟且つ適切に、空間を再構成していく姿勢が求められます。

②モノの提供

保育者は様々なモノを用意して、遊びを展開します。例えば、ボールを使用する場合、ボールの感触や素材の面白さを発見させたいのであれば、個別にボールを用意する必要がありま

3．運動遊びの展開にあたって大事にしたいこと

す。一方、ボールを友達と共有しながら使うことを体験させたいのであれば、ボールの個数を少なくし、物の貸し借りや譲り合いが発生する状況を作る必要があります。また、発達段階によっても、ボールの与え方は異なります。3歳児の操作性や安全能力を考慮すると、形状が大きく、軽量で、柔らかい素材が望ましいかもしれません。5歳児であれば、これまでの運動経験をさらに拡大させるためにも、多様な形状や素材のボールに触れることが望ましいと考えられます。このようにモノの配置や提供は量や質の双方から考えられ、ねらいとの関わりの中で確定していくことが大切です。

③時間の保証

子どもがじっくり遊び込むためには、ある程度の時間が必要です。また、手洗い・うがい・排泄などの基本的生活習慣は運動遊び指導とつながりがあり、その自立を促すためには、時間をかけて導くことが必要になります。しかし、園での生活が細かく分断されていたならば、充分遊び込む時間はもとより、基本的生活習慣の自立を促す時間も充分保障できなくなります。遊びはブツ切れになり、基本的生活習慣についても保育者が多くの世話を焼かざるを得ない状況に陥ってしまいます。こうした点から考えると、「時間」も重要な環境構成の一部であり、充分にそれを保障することが求められます。

一方で、時間を充分に与えることのみが大切かというとそうではありません。子どもは熱中すると疲れを忘れて活動に没頭する場合が少なくありません。これが真夏の炎天下や密閉された室内での活動の場合、熱中症などの大きな事故になりかねません。遊びを中断して、水分補給や適切な休息を取り入れる必要があります。このように時間を保障することの中味を、活動の種類、状況に即して考えることが大切であり、その際、発達の個人差にも留意する必要があります。

2）人的環境を整える

ここでは、「健康配慮」・「言葉がけ」・「立ち位置」・「展開順序」・「子どもの発想の取り入れ」・「ねらいの落とし込み」の6つの観点から人的環境を整える視点をまとめます。

①健康配慮

活動前や活動中、保育者は常に子どもの健康状態を配慮する必要があります。

まず、活動前の子どもの「健康観察」はとても重要です。顔色・表情・動作といった視診を行い、気になる子どもがいれば問診を行い、触診や聴診など感覚をフルに使って健康状態をチェックしたいものです。また、爪・服装・装飾品などの外見的な観察も重要です。爪が伸びていないか、長い髪であれば結ばれているか、靴や洋服がからだにあっているか（ブカブカでないか）、服に付けている名札のピンやボタンの欠けは大丈夫か、といった外見的な観察は、活動中の接触や転倒時の危険度を縮小させます。

次に、活動中の配慮として、予定したプログラム進行に縛られることなく、天候・気温・湿度などの状況を十分考慮することも大切です。常に周囲の状況と子どもの様子を照らし合わせながら、無理のない活動の展開が望まれます。

②言葉掛け

保育者の言葉掛けは、子どものやる気を大きく左右します。『疲れた～』と保育者に語りかける子どもに、『エ～！ 疲れるくらい一生懸命遊んだんだね！』と表情豊かに保育者が返答しました。すると、子どもの表情は一変して『ボク、もう一回遊んでくる！』と走り去っていく様子を見たことがあります。保育者の言葉掛けは魔法です。子どもの気持ちのスイッチをオンにする作用があります。

一方で、言葉による説明では子どもの理解が深まらない場合が少なくありません。例えば、氷鬼の説明を言葉だけでしようとすると難しいものです。しかし、鬼役／捕まり役／助け役を設定して、目の前で模範を示すというような視覚情報を交えた説明だと、理解が深まります。また、子どもに指示する場合、『後ろにさがって』と言うより『バックオーライ、ピッ・ピッ・ピィー』と言ったり、『友達にぶつからないように（等間隔に）開いて』と言うより『シンデレラのようにグルッっと回って！ お友達に当たらなければOK！』と言う方が、スムーズな体系移動につながったりします。この『ピッ・ピィー』『グルッ』などは擬態音と呼ばれるものです。擬態音は幼児の運動の正確性を高めることがこれまでの研究で明らかになっています。視覚情報を用いたり、イメージを与えたり、抑揚をつけたり、手短に、擬態音を織り交ぜながら言葉掛けを行うことによって、子どもの理解度は促進され、活動の広がりにつながっていきます。

③立ち位置

保育者の姿が太陽光と重なれば、子どもは眩しくて説明に集中できません。保育者の前に遮断物（人やパネルが存在するなど）があると、当然、子どもは聞き取りにくく、聞く意欲も減退します。園外保育時、斜面で説明する際、山側に保育者が立ち、谷側から子どもが見上げる形になれば、首が疲れて集中力は低下します。保育者の立ち位置は、子どもとのコミュニケーションを行う上でとても重要です。保育者は、全ての子どもの表情が観察でき、さらに子どもが楽な状態（姿勢）で説明が聞ける場（立ち位置）を意識的に選択することが重要です。

④展開順序

いきなり跳び箱で開脚跳びをしても、できない子どもが続出するでしょう。「できる」状態になるためには、その教材に慣れ親しむ必要があります。本書でも紹介していますが、跳び箱は、よじ登る、ジャンプする、バラバラにして組み立てる、みんなで落ちないように乗るなど、

いろいろな活用の仕方があります。しかし、そうした観点が抜け落ち、保育者が「開脚跳び」「台上前転」の道具と跳び箱を見なしたとき、活動は大きく制限されます。また、「できること」が重視され過ぎると運動嫌いの要因になってしまうかもしれません。まずは、跳び箱に十分親しむことから出発し、次第に動きの難易度を上げていくこと、すなわち、易しい遊びから難しい遊びへ、親しむ状態から挑戦する状態へ、遊び内容を段階的に発展させることが大切です。

⑤子どもの発想の取り入れ

　円型の土俵で相撲ごっこをしていた子どもが、次第に四角や三角、星型といった変形土俵を描いて楽しんでいる様子を観察したことがあります。その面白さをクラスの友達に紹介した時、遊びを考え出した子どもは嬉しそうな姿を見せました。また、子ども同士の逆上がりの援助で、逆上がりをする子の背後に背中を合わせる形で、押し上げようとする子どもの姿を観察したことがあります。その援助のユニークさをクラスの子どもに紹介した時、援助を考え出した子どもは嬉しそうな姿を見せました。

　子どもの発想は、大人の視点からはなかなか出にくい豊かさがあります。保育者は、子どもの遊び方をしっかり観察し、子どもから生まれた発想を保育に取り入れる姿勢が大切です。保育者は教える人、子どもは教わる人、という一方方向の関係では、遊びは発展しません。子どもの育ちを願いつつ遊びを伝え、共に遊びながら子どもの姿から学ぶという双方向の関係性（共育関係）が保育を豊かにします。

⑥「ねらい」の落とし込み

　活動に「ねらい」を持つ重要性は、既に指摘しました。「ねらい」を設定し、それを達成するためには、保育者は指導過程で様々な働きかけを子どもに与える必要があります。

　例えば、『からだを動かす爽快感を味わう』という「ねらい」を設定している場合、活動中

3．運動遊びの展開にあたって大事にしたいこと

や活動後の身体感覚を子どもに問いかけたり、それを皆で共有することによって、爽快感や心地よい疲れへの気づきを意図的に引き出すことが大切になってきます。また、『友達の良さに気づく』という「ねらい」を設定して助け鬼を展開した場合、意図的に友達との関わりを意識するような場面を用意することも有効かもしれません。例えば、活動の振り返りを利用して、捕まった時に助けてくれた友達を思い出して、"助けてくれてありがとう握手"をするといった指示を出します。助けてくれた友達を探し、握手する行為の中で、子どもの仲間関係の深まりが期待できるのではないでしょうか。保育者は、設定した「ねらい」に落とし込んでいく働きかけが重要になります。

（3）活動後の留意点

1）日々の保育を振り返る

　子どもは正直です。楽しい活動であれば「もう一回！」を連発します。しかし、楽しくなければ「疲れた…」と活動を拒否します。また、子どもは常に表現しています。表情や行動に子どもの思いは表出しているものです。

　保育者は、こうした子どもの姿を手掛かりとして自身の保育を振り返り、次の保育へ生かしていく姿勢が大切になります。「ねらい」は妥当であったか、「ねらい」に沿って「内容」は構成されていたか、「ねらい」の達成度はどうか、子どもへの関わり方は適切であったかなど、振り返りの観点は多数存在します。また、振り返りは個人的に行うだけでなく、保育者同士で保育を観察し合い意見交換したり、実践記録を相互に検討し合うことも大変有効です。自身の保育の枠組みでは気づくことができなかった新たな視点や課題が明らかになることもあります。このように保育の振り返りは、保育者の専門性を高める営みでもあります。

2）実践研究の枠組み全体から保育を振り返る

主題を決めて、長期的スパーンで保育実践研究に取り組むことがあります。その際、PDCAサイクルを活用した研究は少なくありません。PDCAサイクルとは、Plan（計画）⇒ Do（保育実践）⇒ Check（評価）⇒ Action（改善）という循環を表したものです。循環の流れの大枠を説明します。Plan（計画）は、子どもの問題点を実態に即して整理し、保育実践の目標を定めます。この時、「××のような子どもの姿がみられることに対して、△△のような保育を展開することにより、〇〇のような変化が子どもに表われるはずである」という保育仮説も立案します。Do（実行）は、Planで立案された保育仮説を踏まえて継続的に保育を展開し、実践を評価するためのデータを収集します。Check（評価）は、収集したデータを分析し、子どもにどのような変化があったのかを検証するとともに、保育実践の方法や評価が妥当であったかを検討します。Action（改善）は、Checkで検討された保育実践の課題を踏まえ、次の保育実践計画の改善点や修正点を考えていきます。

本節の「（1）指導前6）実践の「評価」を意識する」において、根拠に基づいた保育の重要性を示しました。その際、子どもの変化を具体的なデータで示すことも指摘しました。こうした点を考慮すると、PDCAサイクルを活用した保育実践の枠組みは、実践経緯、そこから導かれた目標、保育の効果、評価から導かれた課題といった実践過程がわかりやすいという特徴が確認されるのではないでしょうか。日々の保育の振り返りに加え、保育実践の枠組み全体という広い視野から保育を振り返る視点も大変重要です。

3）分かち合う

保育者は、活動中や活動後の振り返りで、子どもの育ちを実感することがあります。その育ちは『縄跳びに挑戦し目標を達成した』『自分の気持ちをコントロールした』『挨拶がしっかりできた』『みんなで協力した』など、個人的なものから集団的なものまで多面的です。こうした日々の育ちを保護者と分かち合いたいものです。子どものプラスの変化を喜ばない保護者はいません。保育者と保護者の喜びが、また、保護者同士の喜びが、子どもへの温かい眼差しとなり、更なる育ちにつながっていくことが期待されます。登降園時の保護者との対話や園だより等により、子どもの育ちを分かち合いたいものです。

また、子どもの育ちを促すより良い環境を確保するためには家庭との連携のみならず、地域との連携も大切になります。幼稚園教育要領や保育所保育指針において、家庭や地域での子どもの生活の連続性に配慮すること、家庭や地域との連携や協力、地域の資源の積極的な活用が記述されています。こうした地域とのつながりの大切さを感じさせられた出来事として、次のようなことがありました。園の掲示板でコマ回し実践の様子を紹介しました。すると、地域のお年寄りがその実践に興味を持ち、指導者として協力する意向が示されました。子どもとのコマ遊びは、木ゴマからベーゴマなど、いろんなコマ回しに発展していきました。このように地域とのつながりを深めるためには、保育現場の様子を掲示板で発信したり、日常の散歩等で交流を深めることも一つの方法かもしれません。

子どもの育ちを分かち合うことは、保育者・保護者・地域が応援するきっかけとなり、応援し合う関係へと発展することによって、子どもの育ちはより一層豊かなものになるはずです。

【文献】
1．小林真（1998）『幼児の社会的行動における主張性と協調性の役割』風間書房．
2．杉原隆（1985）「幼児の運動遊びに関する有能さの認知とパーソナリティの関係」体育学研究30巻．
3．宮丸凱史（1988）「幼児期の遊びとからだの育ち」『子どもの遊びとからだ・こころ研究会第1回シンポジウム報告書』富士ゼロックス小林太郎記念基金．
4．ScammonRE(1927) The first seriatin study of human growth. Am J Phys Anthropol, 3, 329-336.
5．宮下充正（1987）『体育とはなにか』大修館書店．
6．Piaget, J.(1947) La psychologie de l'intelligence. 波多野完治・滝沢偉久（訳）(1982)『知能の心理学』み

すず書房.
7. Parten, M.B.,(1932) Social participation among pre-school children, Journal of Abnormal and Social Psychology, 27, 243-269.
8. 文部科学省幼児期運動指針策定員会（2012）『幼児期運動指針ガイドブック　毎日、楽しく体を動かすために』
9. Gallafue, D.L.(1976): Motor development and motor devclopment experiences for young children, John Wiley & Sons, Inc. New York.
10. 体育カリキュラム作成小委員会（1980）「幼稚園における体育カリキュラム作成に関する研究」体力科学8．
11. 奥田援史・嶋﨑博嗣・足立正（2006）『健康保育の科学』みらい．
12. 文部科学省（2008）『幼稚園教育要領解説』
13. 厚生労働省（2008）『保育所保育指針解説書』

さあ、子どもと遊んじゃお！

　第2章では、子ども同士の触れあい遊び、かけっこや鬼ごっこ、身近な生活物を用いた遊び、移動遊具を用いた遊び、自然を活用した遊び、昔から語り継がれてきた代表的な伝承遊び、親子で楽しむ触れあい遊びの7つの観点から遊びを提案します。できるだけ、日常の保育に活用できるように、遊びの導入や展開方法、安全管理のポイントを示しています。また、各節の最後にコラム「今を見つめ未来を考える」を位置づけました。各節で紹介した遊びには、それぞれ子どもの育ちを促す効果が内包されています。どのような現代的意味があるのか、改めて考えてみてください。

第1節
ペア・エクササイズ

　ペア・エクササイズは一人では行えない、相手がいるからこそできる運動遊びです。一人で行う場合とは異なり、相手の様子に合わせることが必要になり、調整力や協調性が養われます。しかし、それ以上に大事なことは、「手を取り合う」「息を合わせる」など、まさにからだ全体で触れあうことから生まれる楽しさやドキドキ感を一緒に味わうことが大切です。いろんな友達とからだと心を重ねてみよう！

1 空気手裏剣

1. 遊び方

　保育者が空気手裏剣を子どもの頭か足に投げます。「足にシュッ！」だとジャンプ、「頭にシュッ」だとしゃがむ。保育者のコールと違った動きだと負け。

先生のコールに素早く反応しよう。　　　　　　　　　コールと違ったら負けだぞ！

2. 味つけ

〈ジャンケンバージョン〉

　保育者との空気手裏剣を十分楽しんだ後、友達と向かい合って、ジャンケンバージョン、交互バージョンを楽しんでみよう。

① ジャンケン勝負！
② 勝った人は「頭に！」もしくは「足に！」と投げる場所をコールする。
③ 素早く「シュッ！」と空気手裏剣を投げる。負けた人は「シュッ！」のタイミングでよける。
④ 間違ってよけたら負け！

〈交互バージョン〉

二人で交互（順番）に投げるのをよけてみよう。　　空気手裏剣を投げる場所を変えてみよう！
　　　　　　　　　　　　　　　　　　　　　　　例：おなか⇒ひっこめる、おへそ⇒うつ伏せ、股の下⇒パーでジャンプなど

3. 楽しく遊ぶために

【導入のコツ】保育者との空気手裏剣を楽しみ、ルールを覚えた後で友達と楽しんでみましょう！
【安全のコツ】夢中になり過ぎたり、投げる場所（おなか、おへそ、股の下など）が増えると、空気手裏剣をよけるとき顔を膝や床面にぶつけることがあるかもしれません。保育者が見本を見せたり、子どもと危険な動きを確認しましょう。

1. ペア・エクササイズ

2 知恵の輪

1. 遊び方

二人で両手をつないだら、一人がしゃがんで用意。立っている人が片足ずつ、しゃがんでいる人をまたぎ越す。両手がねじれているので、しゃがんでいた人がねじれをとる様に一回りをして元に戻る。※反対の足からまたぎ越すことにも挑戦して、交替しよう！

① しゃがんで用意！　② 左足でまたぎ越す。　③ 右足でもまたぎ越す。　④ 回って捻りをとる。　⑤ 元通り！

2. 味つけ

二人が同時に、片足ずつまたぎ越す動きにも挑戦してみよう。

〈片手つなぎ〉

① お互い右手で握手！　② 片足ずつまたぐ。　③ 反対足もまたぐ。　④ 元通り。

〈両手つなぎ〉

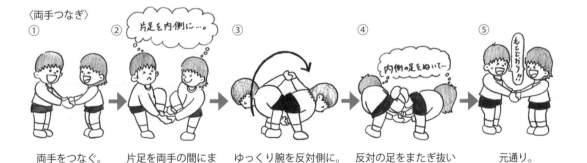

① 両手をつなぐ。　② 片足を両手の間にまたぎ入れる。　③ ゆっくり腕を反対側に。　④ 反対の足をまたぎ抜いて戻る。　⑤ 元通り。

3. 楽しく遊ぶために

【導入のコツ】「なべなべそこぬけ」といった肩の周りを十分ほぐす遊びを行ってから、知恵の輪に挑戦してみましょう。

【展開のコツ】特に〈両手つなぎ〉は難しいので、上手にできたペアをみんなに紹介すると、子どものやる気UPにつながるかもしれません。みんなで成功した雰囲気、みんなで喜び合う雰囲気を大切にしましょう。

3 いろいろ相撲

1. 遊び方

いろんな姿勢からその場相撲をとってみよう。バランスを崩して足が動いたら負け！

〈手叩き相撲〉　　　〈かかし相撲〉　　　〈お尻相撲〉　　　〈蹲踞相撲〉

触れることができるのは、相手の掌のみだぞ！　　　かかしになって、スタートしよう！　　　お尻を引いたり、突き出したりして相手を倒せ！　　　掌を合わせて、押したり引いたりしよう！

2. 味つけ

〈引っ張り相撲〉

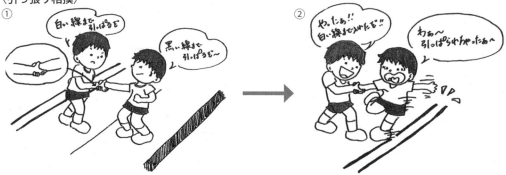

①中央ラインの上で、相手の手首をしっかり持ってよ〜い！　　　②決められたラインまで引き込めば勝ち。

〈背中合わせ相撲〉　　　〈土俵相撲〉

〈引っ張り相撲〉と同じ要領で、背中合わせの押し相撲も面白いぞ！　決められたラインまで、相手を押し出せば勝ち。　　　マル、星形などいろんな土俵を描き、ケンケンや背中合わせなど、いろんな方法で相撲を楽しんでみよう！

3. 楽しく遊ぶために

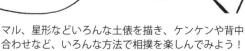

【展開のコツ】相撲には行司がつきものなので、「子ども審判」に判定を任せてみましょう。土俵はマルにこだわることなく、いろんな形が面白いと思います。

【安全のコツ】「周りに危険なものは？」「もし、転倒したら…」「もし、接触したら…」など、「もし」を大切にしましょう。

1. ペア・エクササイズ

4 あんたがたどこさ

1. 遊び方

うたの中でたくさん出てくる "さ" の言葉の時に、2人でタイミングよく動くぞ！

① リズムに合わせて手拍子。

② 「さ」のときは、タイミングを合わせて2人で手合せ。

③ 最後の「ちょっとかぶせ」の「せ」は「大好き！」と抱き合ったり、ジャンケンをしたり、ポーズをとったりする。

2. 味つけ

〈からだ柔らか体操〉

① 開脚姿勢で足を合わせて手拍子。

② 軽く前屈しながら手合せ。それを肩タッチにすると、さらに、深い前屈に！

③ 背中合わせで、からだをひねると、胴体部のストレッチに！交互にひねろう！

〈おなかシェイプ体操〉

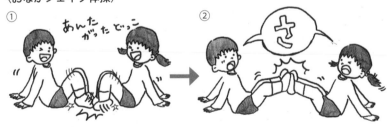

〈心をひとつに体操〉

① 両手を後ろについて、両足で床をリズミカルに踏み鳴らす。

② 両足裏を合わせる。おなかの力が UP！

電車になったらリズムに合わせて両足ジャンプで前に進もう。「さ」で一歩後退。

3. 楽しく遊ぶために

【導入のコツ】まずは、一人で個人練習をしてみましょう。「さ」で、「床をタッチ」「両手をあげる」などタイミングをつかむことが大切です。

【展開のコツ】動きの内容は相当数考えられます。「さ」の時に、相手とホッペやお尻をあわせるなど、子どものアイデアも拾い上げながらやってみましょう！

第2章　さあ、子どもと遊んじゃお！

5　立ちしゃがみ＆バランス

1. 遊び方

〈向かい合いでの立ちしゃがみ〉　　　　　　〈背中合わせでの立ちしゃがみ〉

①足先を合わせて座り、両手をしっかりとつなぐ。

②お互いに軽く後ろに引っ張るようにしながら、同時に立ち上がり、両手を伸ばしたままバランスをとる。

①お互い背中合わせで膝を深く曲げて肘を組む。

②背中上部でお互い押し合うように立ち上がり、寄りかかったままバランスをとる。

2. 味つけ

立ちしゃがみ運動に、バランスを取る動きも組み合わせてみよう！

〈片手バランス〉　　　　　　　　　　　　〈片足バランス〉

①手を交差させて、しっかりと握り、肘を伸ばしてバランスをとる。

②そっと片手を離して、バランスをとる。反対の手でも行う。

①相手に寄りかかったままバランスをとる。

②二人同時に片足を上げてバランスをとる。反対の足でも行う。

三人組のスペシャルバージョンに挑戦してみよう！

〈三人立ちしゃがみ〉　　　　　　　　　　　　〈三人フラワー〉

②「せ〜の」で、みんなで立ち上がる。

①つま先を合わせ、手をつないで座る。

②足裏を合わせ、お空に向かって、足をピンと伸ばす！

3. 楽しく遊ぶために

【導入のコツ】最初は、体格や体力差を考慮してペアを作り、次第に力加減をからだで覚えていくよう言葉がけをしていきましょう。

【展開のコツ】立ちしゃがみの要領は、「向かい合わせの時」は、お互い少しずつ後ろへ引き合うように、また「背中合わせの時」は、お互いの背中の上部で押し合うようにすると楽に立ち上がれます。

1．ペア・エクササイズ

6 背中遊び

1．遊び方

背中合わせで座り、肘を組んで用意。心地よく前屈と後屈を交互に繰り返そう！

〈背中シーソー〉

① 背中をつけて用意！
② 相手のことを考えて、最初はゆっくり寄りかかろう。
③ 次は、反対。交互に気持ちよく動いていこう！

2．味つけ

〈変形シーソー背中合わせバージョン〉

足を開いてやってみよう。　足裏をくっつけてやってみよう。

〈変形シーソー向かい合いバージョン〉

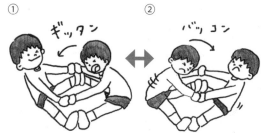

向かい合わせで、足を開いてやってみよう。

〈背中コロコロローター〉

うつ伏せに寝た人の上を、もう一人がゆっくりとコロコロと横転する。

〈背中のびのび〉

うつ伏せに寝た人の腰に合わせて、もう一人の腰が十字に合わさるようにゆっくり仰向けに寝ながら脱力をする。

3．楽しく遊ぶために

【導入のコツ】相手に痛い思いをさせるのではなく、人の背中（からだ）は、柔らかく、温かく、気持ちいいことを伝えましょう。

【展開のコツ】リズミカルに動くシーソーに、保育者が「一時停止（stop）！」「再生（start）！」といった言葉を投げかけ、遊びにアクセントをつけてもおもしろいです。

7 足裏バランス

1. 遊び方

座った姿勢で足裏を合わせながら上に上げてキープをしたり、自転車こぎのように空中で動かして楽しもう！

① 近づいて座り、後ろに手を着いて支える。

② 両足裏を合わせて、上げてキープ。

③ 自転車こぎのように合わせた足裏を動かしてみよう。

2. 味つけ

〈花〉

① 膝を曲げて座り、手をつなぐ。

② 片足裏をお互い合わせて、両手の間に上げて伸ばす。一度下ろして、反対足でも行う。

③ 両手の間に両足裏を合わせて上げ、膝を伸ばす。（つぼみのできあがり！）

④ 足を下に着けないようにしながら、膝を曲げて、両手の外側に開く。

⑤ 両手の外側で、両足裏を上げながら膝を伸ばす。

〈スカイツリー〉

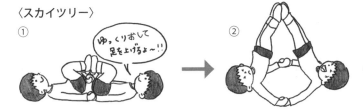

① 仰向けに寝て、おしりを近づける。手をつないで両足裏を合わせる。

② お互いに相手の方にしっかりと足裏を押していくと、どんどん上がっていきます。

③ 下がる時もお互い押し合いながら戻る。

3. 楽しく遊ぶために

【導入のコツ】「花」の運動は、柔軟性が大切です。二人共に柔軟性が乏しい場合、足がうまく上がらないことがあります。ペアを考慮しましょう。

【安全のコツ】「スカイツリー」の運動は、とても難しい動きです。急に力を抜いたりすると、倒れることがあるので、慣れるまではしっかりと個別に補助をするようにしましょう。

1．ペア・エクササイズ

8 ミラーマン

1．遊び方

鏡（ミラー）のように、保育者の動きと表情までそっくり真似しながら動きを楽しもう！

保育者をよく見て！　　保育者のゆっくりとした動きをまねっこしよう。　素早く動くことも大事だぞ！

2．味つけ

保育者とのスローミラーを十分楽しんだ後は、友達と楽しんでみよう。

〈スローミラー〉

役割を決めて用意！　　動く人は出来るだけゆっくりと動く。　ゆっくりから急に早い動きになるかも…
　　　　　　　　　　　真似をする人は出来るだけそっくりに！

〈ポーズミラー〉

一人は見ないように後ろを向いて待　真似をする人は一気に振り返って　出来るだけ素早く相手のポーズを真
つ。もう一人はポーズをつくる。　　相手のポーズを確認する。　　　　似よう。

3．楽しく遊ぶために

【導入のコツ】保育者とのスローミラー（まねっこ遊び）を十分楽しみ、次第に友達との活動に移行しましょう。

【展開のコツ】まねっこチャンピオン「ミラーマンは誰だ?!」を開催してみてもおもしろいです。上手にまねっこできた子どもには皆で拍手を送りましょう。

今を見つめ未来を考える：遊びの三間（サンマ）

　本節は、友達（保育者）と一緒になって楽しむ遊びを紹介しました。筆者が幼少期を過ごしたのは昭和40年半ばから50年代です。ザリガニ釣り、Ｓケン、缶けり、草野球…いつも大勢の友達が傍にいました。その頃を思い返すと、友達と一緒になって夢中になって、本気になって遊んだ高揚感が蘇えります。一方で、喧嘩や衝突で気分がモヤモヤして言いようのない嫌な感覚を味わったことも思い出されます。

　中村（2004）は『子どものからだが危ない（日本標準）』の中で、遊びの三間（仲間・時間・空間）に着目して実施した遊びの世代間比較調査を紹介しています。それを見ると、男子児童は4.09人、女子児童は3.11人となっており、親・祖父母世代に比べて、「遊び仲間」が少なくなっていることが確認できます。遊び仲間との関係性を考えると、下図の通り、2人で遊べば1通りですが、5人で遊べば10通りの関係性となります。人数が増えればより対人関係性が複雑になることは言うまでもありません。その他の調査結果を概観しても「外遊び時間」は減少し、「遊び空間」についても屋外が減少して室内が顕著に増加しています。遊びの三間（サンマ）の変化は、一目瞭然です。

　1983年ファミコンが発売以来、子どもの遊びにゲーム機器は深く浸透しました。また、都市開発や交通事情の悪化、また、不審事件の発生など、子どもも保護者も安心して遊べる（遊ばせる）環境が少なくなってきているのも事実です。遊びの変化は、子どもの暮らしの変化と密接に関わっています。しかし、その変化が子どもの成長発達にとってどのような意味があるのか、保育・教育に携わる人間は考える必要があるのではないでしょうか。保育・学校現場は、地域特性もあると思いますが、基本的に三間（仲間・時間・空間）が整っている環境です。こうした時代だからこそ、保育・教育現場で豊かな遊び体験を保障したいものです。

遊びの三世代比較調査

		小学生	30歳代	40歳代	50歳代	60歳代	70歳代
三間（サンマ）	【男子】						
	遊び仲間	4.09人	7.77人	7.08人	6.98人	6.40人	6.17人
	外遊び時間	58分	1時間54分	1時間58分	2時間9分	1時間43分	1時間38分
	遊ぶ空間（自然的場所）	9.7%	51.9%	60.4%	61.0%	68.2%	65.7%
	遊び空間（室内）	49.4%	1.8%	1.3%	1.4%	1.8%	2.0%
三間（サンマ）	【女子】						
	遊び仲間	3.11人	5.47人	5.65人	6.03人	5.66人	4.73人
	外遊び時間	47分	1時間37分	1時間38分	1時45分	1時間22分	1時間17分
	遊ぶ空間（自然的場所）	10.4%	40.7%	33.7%	47.9%	46.6%	41.2%
	遊び空間（室内）	42.5%	7.7%	24.1%	13.0%	14.5%	18.3%

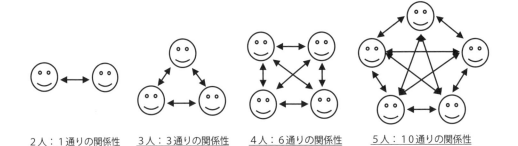

2人：1通りの関係性　　3人：3通りの関係性　　4人：6通りの関係性　　5人：10通りの関係性

図　遊び仲間の人数と対人関係性

まねっこ・かけっこ・鬼ごっこ

　子どもはまねっこ遊びが大好きです。ライオンやゾウといった動物、飛行機や車など、まねっこするものの特徴を捉えてからだで表現することで、様々な身体機能が高まっていきます。まねっこ遊びは、運動遊びの導入に使えます。また、かけっこもいろいろなやり方があります。一人ではなく二人で走る、風になったつもりで走るなど、走り方を変えただけで、心模様も変わってきます。そして、身体活動量が豊富な鬼ごっこ。鬼ごっこはからだの育ちはもちろんのこと、かけひきや戦略など心の育ちも促します。

第2章 さあ、子どもと遊んじゃお！

1 まねっこ遊び

子どもはまねっこが大好き。いろんな動物やモノに変身して、からだを操作することによって、からだの力もアップ。「からだを支える力（身体支持力）」「ジャンプする力（跳躍力）」「からだのしなやかさとバランス（柔軟性と平衡性）」に焦点を当てて、まねっこ遊びを紹介するぞ！

① 「支持力」に着目したまねっこ遊び

〈オットセイ〉　　〈ゾウ〉　　〈トカゲ・ワニ〉

足は使わず、腕の力で前に進もう！

三人組で肩を組んだら、真ん中にいる子は上体の力でぶら下がろう！

両手、両足を地面について、お腹をギュッと引き締めて前に進もう！

〈大変身1（犬さん→クマさん→片足クマさん（高這い））〉

片足クマさんができるようになると、からだの支持力がアップした証拠。側転や開脚とび等の器械体操に活きてくるぞ。

② 「跳躍力」に着目したまねっこ遊び

〈うさぎピョンピョン〉　〈大変身2（アマガエル（小さな動き）→ヒキガエル（大きな動き）→足パッチン）〉

最初はドンドン音がするけれど、リズムに乗って次第にピョンピョン跳べるように！足の内側にのりをつければピッタンコ。足とひざをつけてリズミカルに跳ぼう。この動きが短縄跳びの動きに活きるぞ！

アマガエルになろう。

アマガエルは小さくピョンピョン。慣れてきたらヒキガエルになって大きくジャ～ンプ。

手の前に足を着地させてみよう。とび箱の開脚跳びの基礎になるぞ。

最後は足パッチン。おしりをできるだけ高くなるようにやってみよう。腕の支持力がないと、つんのめって危険。子どもの発達に応じて実施しよう！はじめはマットを敷いて実施するとより安全だぞ。

38

③ 「柔軟性／平衡性」に着目したまねっこ遊び

〈からだピッタンコ〉

ひげじいさん ──→ いい匂い？ ──→ もしもし電話 ──→ チョンマゲ　頭と足がピッタンコ

「ひげじいさん」から「チョンマゲ」まで、イメージしながら股関節の柔軟性を高めよう！

〈だるまさん〉

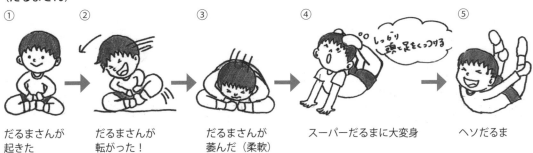

両足を両手で持ち、おしりを支点にして、前後左右に倒れては起き上がってみよう。「スーパーだるま」はからだの柔軟性、「へそだるま」はバランスが大事になるぞ！！

〈飛行機〉

「プロペラ機」は地面に足をつけてブ〜ン！　しかし、「ジェット機」は地面から足を上げてバランスをとりながらブウ〜〜ン!!　そして、「スーパージェット」はその足をさらにピンと伸ばす。お腹の力とバランス力が試される。10秒できるか?!

第2章　さあ、子どもと遊んじゃお！

〈変身バランス〉

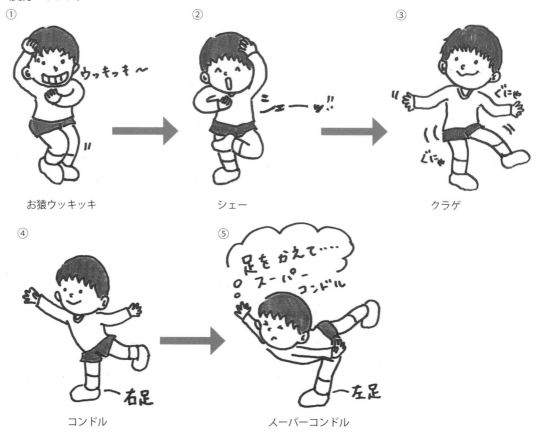

最初は地面に両足をつけた簡単なまねっこ遊びから、次第に片足のまねっこ遊びへ。動きを大きく、ダイナミックにしたり、左右の足を切り替えてやってみよう。

楽しく遊ぶために

【導入のコツ】まねっこ遊びは運動遊びの導入に楽しめる準備体操的要素のある活動です。ラジオ体操やストレッチなどの準備体操もいいけれど、イメージを持ちながらファンタジーの世界でからだを動かしてみましょう！

【展開のコツ】まねっこ遊びを行う中で、それぞれの動きにはどんな力が必要なのかを（例えば、「スーパージェット」はお腹の力、「スーパーだるま」はからだの柔らかさなど）遊びの中で伝えていきましょう。上手にできている子どもには、是非お手本を見せる機会をつくりたいものです。それが大きな自信になることがあります。

【安全のコツ】〈大変身1・2〉などは、子どもの身体能力を十分見極めて実施しましょう。腕の支持力が不十分だと危険です。無理のないように活動しましょう。

2 かけっこ遊び1

1. 遊び方

かけっこは移動系の動きです。単調さを破って、走り方にアクセントをつけると、気分が変わるぞ！

速度（早く・遅く・リズミカルに…）

方向（前・横・斜め・後ろ・ジグザグ…）

姿勢（手を上げる・腿を高く上げる・低く・細かく…）

歩幅（大きく・小さく…）

音（音を出して、音を出さないで、大声を上げて）

イメージをもって（怪獣、風…）

2. 味つけ

〈繋がって〉

手を繋ぐ　　　　　　　　肩を組む　　　　　　背中合わせで

一人で走るより、友達といっしょだと楽しさいっぱい。二人の息と力を合わせて走ってみよう。

第2章　さあ、子どもと遊んじゃお！

電車になる　　　　　　　　　　　　大勢で、大声を上げて！

〈いろんな場所で〉

起伏のある場所（高低）　　　　　　砂地

草っぱら（草原）　　　　　　　　　田んぼのあぜ道

プール　　　　　　　　　　　　　　いろんなものの上（マット・ロープ…）

楽しく遊ぶために

【導入のコツ】 保育者の"遊び心"が単調な動きに彩（いろどり）を与えます。動きにアクセントをもたせましょう。
【展開のコツ】「風になって走るとおもしろいね」「大声を出すとスカッとするね」といった動きの中の心模様を共有したり、「○○ちゃんたち、肩を組んで走ってるのに早いね！」といった子どもの巧みな動きを拾い上げ、子ども全体に伝えていきましょう。

3 かけっこ遊び2

1. 遊び方

〈番号ダッシュ〉

一列に並び、マイナンバーを確認する。

先生が、「ヨ〜イ、1番」といえば、1番の子どもだけがゴールに向かって走る。誰がすばやく反応するか。

〈タコとタヌキ〉

2グループ（「タコ」チームと「タヌキ」チーム）に分かれる。先生が、「タ・タ・タ…タコ！」とコールをすれば、「タヌキ」チームは追いかけて、「タコ」チームは安全地帯まで逃げ込む。つかまった子どもは相手チームに加わります。先生は、「たまごやき」「たこやき」などフェイントをかけ、動いた子どもは相手チームに入ってもいいぞ。

2. 味つけ

〈番号ダッシュの味付け〉

・始まりの姿勢を変化させる

お父さん座り　お母さん座り　お姉さん座り　三角座り

姿勢を立位だけではなく、座位姿勢（お父さん座り、お母さん座り、おばあちゃん座り、三角座りなど）で始めるのもいいぞ。

腹ばいや仰向けだと、素早く動くのが難しい。

第2章　さあ、子どもと遊んじゃお！

移動をケンケンにしたり、両足跳びにしたり、二人組でやっても面白いぞ。さらに、スタートのバリエーション変化を組み合わせるとより複雑になるぞ！

〈「タコとタヌキ」の味付け〉
・コールを変える

・道具を使う

「ネコとネズミ」、「ウシとウマ」、「タコとタイ」、「イカとイルカ」など、頭文字が同じであれば、何でもOK。いろんなパターンで楽しんじゃおう。

「白組と赤組」を決めておき、サイコロの色の出方で追いかけたり逃げたりする。紙袋の中に白と赤の画用紙を入れ、それを取り出すなどの方法もあるぞ。

・ジャンケンを取り入れる

　五人一組になり「グー」「チョキ」「パー」を練習する。ジャンケンがうまくできるようになれば、相手と勝負。中央ラインに向かい合って立ち、ジャンケン勝負。勝ったら追いかけ、負けたら安全地帯に逃げ込む！

※ジャンケンであいこが続く場合もあるので、次は何を出すのかを指示する人を決めておくとスムーズだぞ。

楽しく遊ぶために

【導入のコツ】〈番号ダッシュ〉や〈タコとタヌキ〉は、保育者のコールに反応して子どもが素早く動く遊びです。保育者のコールに集中することが求められます。声色、表情、フェイントなど工夫しながら進めましょう。

【展開のコツ】仲間意識や仲間との協同性を育むきっかけとして「作戦タイム」の時間をつくってもよいでしょう。

4 鬼ごっこ1 「追う−逃げる」鬼ごっこ

1. 遊び方

〈満月オオカミ鬼ごっこ〉

　底の丸いバケツなどを用意。鬼のオオカミがバケツを倒し、底の丸が見えたら（満月になったら）、子ヤギを追いかけて捕まえちゃうおう！　最後まで捕まらなければ勝ち！

寝たふりをしているオオカミの周りに群がる子ヤギ

バケツを倒すと凶暴オオカミに変身。子ヤギは捕まらないように逃げよう

2. 味つけ

〈満月にしたのはだれだ〜〉

勇気ある子ヤギがバケツをひっくり返します。すると、満月になって、先生オオカミ、子どもオオカミは、子ヤギを追いかけだすぞ。

〈かげふみオオカミ〉

タッチの方法を変えてみよう。かげを踏んだらオオカミに食べられたことになってしまうぞ！

〈ドキドキオオカミ〉

ドキドキ袋には、星、三日月、満月が入っている。「満月」がでたらオオカミは目覚める。満月なら、逃げろ〜！

楽しく遊ぶために

【導入のコツ】「オオカミと子ヤギ」のごっこ遊びのイメージから「追う−逃げる」という役割を伝えます。満月になったら怖いオオカミ、食いしん坊オオカミになることを伝えましょう。

【展開のコツ】「鬼の人数を変える」、「捕まえ方を変える」、「満月の出し方を変える」等の工夫をしてみましょう。「お化け鬼」、「雷鬼」、「怪獣鬼」などいろんなバリエーションで行うと子どもの想像力もアップします。

5 鬼ごっこ2 「助ける―復活する」鬼ごっこ

1. 遊び方

〈氷鬼〉

氷人間にタッチされると、その場でカチンカチンに凍ってしまうぞ！ しかし、まだ捕まっていない子どもにタッチされると、再び逃げられるぞ!!

①鬼にタッチされるとカチンと凍る　　　　　　　②捕まってない子がタッチしてくれると復活！

2. 味つけ

〈バナナ鬼〉

バナナマンにタッチされたら、両手を挙げてバナナになっちゃった。捕まってない子が両手のバナナの皮をむいたら復活できる！

〈木鬼・山鬼〉

タッチされたら手と足を開いて「木」になったり、からだを丸めて「山」になる。捕まってない子が足の下をくぐったり、山をジャンプしたら復活できるぞ！

〈地蔵鬼〉

タッチされたらお地蔵さんになっちゃった。捕まってない子が頭をなでたら、「復活のじゅもん（なんまいだ〜）」を唱えると復活！

〈ケガ鬼〉

鬼にタッチされたところに手の絆創膏。でも手の絆創膏は2つだけ。2回タッチされたら病院に行って、キズをなでてもらうと復活。

〈二人トンネル鬼〉

鬼にタッチされたら、二人でトンネルを作ります。まだ捕まっていない二人組がトンネルをくぐると復活。

楽しく遊ぶために

【導入のコツ】鬼に捕まったらどうなるのか、復活するためにはどうすればいいのかを具体的に説明しましょう。鬼役、捕まり役、助け役を作り、視覚的に説明すると、子どもの理解が深まります！鬼は「帽子を被る」「ワッペンをつける」などの工夫をしてわかりやすくしましょう。

【展開のコツ】「味付け」に示したように、タッチされた後の動きにバリエーションを持たせると、いろんなイメージができ、多様な動きも経験できます。

2 まねっこ・かけっこ・鬼ごっこ

6 鬼ごっこ 3 チームで競い合う鬼ごっこ

1. 遊び方

〈しっぽとりファイト〉

2グループ（赤と白など）に分かれて対決。しっぽを取られたら、枠の外で応援しよう。相手チームの全員のしっぽを取れば勝ち！

2. 味つけ

〈複数しっぽファイト〉

〈しっぽとりファイト〉を複数のしっぽをつけてやってみよう。1本のしっぽを取られても、外へ出ないから運動量アップ！

〈ロングしっぽファイト〉

〈しっぽとりファイト〉をロングしっぽでやってみよう。相手に踏まれないようにしながら、相手のしっぽをゲットしよう！

〈王様しっぽファイト〉

① 2チームに分かれ、王様をそれぞれ決める。王様はロングしっぽをつけ、それ以外の家来は3本のしっぽを腰につける。

↓

② 相手の王様のロングしっぽを取れば勝ち。家来は、3本のしっぽを取られれば、外へ出て応援！

楽しく遊ぶために

【導入のコツ】遊ぶ範囲をあらかじめ決めておきましょう（広すぎず、狭すぎず、子どもの能力を考えて！）。しっぽの入れすぎに注意しましょう。

【展開のコツ】「王様しっぽファイト」ができるようになると、その他の競い合う遊びとして「開戦ドン」や「Sケン」もできるようになります。次第にルールや動作が難しい遊びへ移行しましょう。

7 鬼ごっこ 4 図形を利用した鬼ごっこ

1. 遊び方

円などの図形を描き、鬼が外からタッチして遊びます。タッチされるとアウト！

〈マル鬼〉

鬼はマルの外からタッチする。

〈マルピョン鬼〉

逃げ手はマルをピョンピョン移動できるぞ！ 鬼に捕まらず、最後まで生き残るのは誰だ！

2. 味つけ

〈田んぼ鬼〉

鬼は十字の中。タッチされたら鬼と交代、10周回れば逃げ手の勝ちなど事前にルールを決めておこう！

〈ひょうたん鬼〉

鬼は外と、ひょうたんの中のマルを飛び移って、みんなを捕まえる。

〈ライン鬼〉

鬼も逃げ手もラインの上しか移動できない。ただし、隣のラインにジャンプはできるぞ。鬼が二人いる場合は、挟み撃ちに合うかも…。

〈ゴールを目指せ！〉

網掛け部分に鬼がいるぞ。鬼にタッチされないで、ゴールまで走りきることができるか。慣れてくれば、チーム対抗戦にしてもいいぞ。

楽しく遊ぶために

【導入のコツ】鬼と逃げ手が入れる（通れる）スペースをしっかりと確認しましょう。
【展開のコツ】いろんな図形を考えてみよう。外でラインを引く場合、ラインカーを使わず、やかんやジョウロを使った水ラインは便利です。

今を見つめ未来を考える：子どもの活動量

幼児体育指導の終わりの挨拶の一コマ。指導者が子どもに「今日はいっぱい遊んだね！これで終わりです」と伝えると、子どもが指導者に近づいて来て「先生、もう遊んでいい？」と言いました。指導者はタジタジです。指導者は遊んでいると思っていたようですが、どうやら子どもは遊びとは思っていなかったようです。

平成24年3月に『幼児期運動指針』が策定されました。この指針は3～6歳の子どもに焦点化し、様々な遊びを中心に、毎日、合計60分以上、楽しく体を動かすことを奨励しています。こうした指針が策定される背景として、①活発に体を動かす遊びが減っていること、②体の操作が未熟になっていること、③特定の運動（習い事としてのサッカー、水泳など）に偏り、自発的な運動が減っていることが挙げられています。

第一に挙げられている「活発に体を動かす遊びの減少」は、身体活動量の減少と捉えることもできます。前橋の報告によると、5歳児の保育園生活時の平均歩数の推移として、昭和60年代平均12,000歩であったものが、平成3～5年で平均8,000歩、平成13年頃には平均5,000歩程度まで減少してきていると指摘しています。また小学生の活動量として、波多野は1979年に小学校3年生の日常生活における歩数について調査を行い、1日当たりの平均歩数は男児が約27,000歩、女児が約16,000歩であったと報告しています。一方、2007年に同様の調査を行った足立の報告によると、男児が約15,000歩、女児が約12,000程度であったと報告しています。これらの報告を見ると、活動量が著しく減少してきて

いる様子を伺うことができます。それが動作の未熟さや肥満等の健康問題にも関連しているのかもしれません。

こうした現状を考えると、子どもの身体活動量を確保することは重要な視点であり、保育・教育場面で、子どもが体を積極的に動かす状況をつくることは大切です。ただし、その状況をどのように作っていくかが重要です。活動量確保のみを考え、グラウンドを何週も走らされれば、動くことが嫌にもなります。

幼稚園の運動会前の徒競走の練習でこんな光景を目の当たりにしました。最初の頃は徒競走の練習を楽しんでいた子どもも、何度も同じことをさせられると『エ～、また徒競走の練習…』となります。そんな状況時、ある保育者は『よし、今日は練習やめて…、"風"になって走ろう』と言いました。子どもは「エッ？」という表情になり、そのうち思い思いに"風"をイメージしながら走りだしました。同じ走るでも子どもの心持ちは大きく違うようです。大人はとかく「運動の中で遊ばせよう」とします。しかし、子どもは「遊びの中で運動している」ことを忘れたくないものです。

【文献】
前橋明（2001）『子どもの心とからだの異変とその対策』明研図書。
波多野義郎（1979）「人は1日何歩歩くか」、体育の科学 29、28-31。
足立稔、笹山健作、引原有輝他（2007）「小学生の日常生活における身体活動量の評価」、体力科學 56、347-356。

図　保育園5歳児の活動量の変化

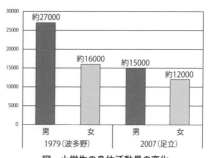

図　小学生の身体活動量の変化

第3節 身近なもので遊んじゃお

　保育者が「子どもが遊びにのめり込んでいるな」と感じるとき、そこには、創意工夫をしながら遊びを進めている子どもの姿があるでしょう。幼少期には自分自身で創意工夫しながら遊ぶ経験を存分に保障したいものです。
　本節では、子どもが遊びを楽しみながら、その中で存分に創意工夫ができる遊びを取り上げます。特にここでは、子どもにとって身近な素材である「新聞紙」「すずらんテープ」「ハンカチ」「タオル」を取り上げます。

3．身近なもので遊んじゃお

1 新聞紙を見立てて遊ぼう

1．遊び方

　イメージが子どもの遊びを広げます。新聞紙を「カメの甲羅」、「おばけ」、「巻き寿司のノリ」などに見立てて遊ぼう！　上手に動かないと新聞紙が落ちてしまうスリルを味わいながら自由に動き回ってみよう！

〈カメさん〉
背中に新聞紙を乗せて落とさないように散歩しよう。

〈おばけ〉
頭に新聞紙を乗せて歩き回ろう。落とさずに保育室1周できるかな⁉

〈巻き寿司コロコロ〉
敷いた新聞紙の上に寝転がろう。コロリと回って巻き寿司作り！

2．味つけ

　新聞紙を「ふとん」に見立てて寝ころびます。保育者の『おはよう～』の合図で素早く起きたり『おやすみ～』の合図で素早く寝たりしてみよう！

〈おはよう！おやすみ！〉

① 新聞紙ふとんをかぶって、仰向けに寝る。

② 「おはよう」「おやすみ」の合図で素早く起きたり、寝たりを繰り返す。

③ 「お・お・お・おにぎり～！」など、ひっかけを入れて楽しんでもいいぞ。

3．楽しく遊ぶために

【導入のコツ】 新聞紙の魅力の一つは、「何にでも見立てることができる」ことです。子どもが見立てて遊ぶことの楽しさに気付いていけるよう、まずは保育者が遊び心いっぱいに新聞紙を様々な物に変身させてみましょう。

【展開のコツ】 ①「カメさん」「おばけ」「巻き寿司」などは一人ですることに慣れてきたら、二人組でチャレンジすると、仲間作りの機会にも発展していきます。②「味つけ」では「おはよう」「おやすみ」に「お散歩」も加えてみましょう。「お散歩」の合図で立ち上がり、保育室内を自由に散歩し、「おやすみ」の合図で近くのふとんに入ります。こうすることで活動がよりダイナミックに展開することができます。

【安全のコツ】 子どもは新聞紙を落とさないことに集中していると、周囲が見えなくなることがあります。子ども同士がぶつかってしまわないよう、保育者は適宜様子を見守り、危ない場合はすぐに声かけを行いましょう。

第2章　さあ、子どもと遊んじゃお！

2　新聞紙を破いて遊ぼう

1. 遊び方

三人組のうち二人は新聞紙を持って構え、もう一人は力いっぱいのスーパーパンチ・スーパーキックをさくれつさせよう！

〈スーパーパンチ〉　　〈スーパーキック〉　　〈ツイスト・イェ〜イ！〉

おもいっきりパンチしてみよう。何回で新聞紙を真っ二つにできるかな。

おもいっきりキックで破ろう。ジャンプキックもいいかも。

「わぁぁ〜」「イェ〜イ」など、声を出しながら楽しくツイストで破いちゃおう。

2. 味つけ

新聞を指で小さくちぎり、「幸せの雪」を舞い上げてみよう。散らばった雪をビニール袋2つに集めて、それを合体させれば、雪だるまの完成！

〈しあわせの雪〉　　　　　　　　　　　　　　　　　　　〈しあわせの雪だるま〉

① 細かくちぎるのは、案外難しい。細かくちぎることによって手指の巧緻性が高まるぞ！

② 雪合戦をしたり、誰が高く舞い上げられるか競争してみよう。

③ 2チームに分かれて雪集め大会だ。どっちがたくさん集められるか対決しよう。

3. 楽しく遊ぶために

【導入のコツ】子どもにとってはあまり経験のない動きもあります。子どもが「やりたい！」と思えるように、保育者はからだを大きく動かして爽快感が伝わるようダイナミックに見本を見せましょう。

【展開のコツ】①破るという動作一つをとっても、やさしい破り方、大きく破る、小さく破るなどいろいろな破り方があります。それらを組み合わせて遊びを展開することで指を使う技能の向上にもつながります。②破ることの爽快感を存分に味わったら、破る「音」に着目させるなどして、遊びを展開してもよいでしょう。

【安全のコツ】子どもが夢中でパンチやキックをして、間違えて新聞紙を持つ友達の手を叩いてしまわないように、始める前に注意しておくとよいでしょう。

④ 目と口をつけたら雪だるま完成。

3．身近なもので遊んじゃお

③ 新聞紙を破らないように遊ぼう

1．遊び方

何人かのグループになったら、そのうちの二人は新聞紙を持って好きな高さに構え、一人は新聞紙に足が引っ掛からないように、ジャンプをして跳び越そう！

〈新聞大ジャンプ〉

破らないように大ジャンプできればOK！

2．味つけ

跳び越える動きの他にも、破かないで楽しめる遊びをいろいろ考えてみよう。例えば…

〈新聞くぐり〉

破らないように下をくぐろう。

〈どきどきトンネル〉

新聞に空けた穴を破らないようにくぐろう。足が抜けるまで気を抜くな！

〈どきどき！ボールキャッチ〉

① ②

一人がボールをふんわり投げ、友達と息を合わせて、新聞紙を破らないようにナイスキャッチできるかな？
この他の遊びとして…「新聞に空けた穴にボールを通す」、「新聞紙にボールを載せて、落とさないように走る」のも面白いぞ！

3．楽しく遊ぶために

【展開のコツ】①この遊びは新聞紙を破かない「慎重さ」が求められる遊びです。そのため、子どもとするときは、前頁の新聞を破る遊びを存分に楽しみ、爽快感を味わった後に展開するのがよいでしょう。②子どもが挑戦心いっぱいでチャレンジでき、スリルも存分に味わえるよう、保育者は「これはできるかなぁ」「あ〜破れないかな」など、子どもの心をくすぐる言葉かけを大切に進めていきましょう。③新聞紙を持っている子も楽しんで参加できるよう、どうしたら難しくできるか考えさせたり、本頁の絵のように、持っている子に「そっとだよ」「もっと頭を低くして」など、指示を出せるようにして、チームで遊びに参加している雰囲気を大切にしましょう。もし、難しい技が成功した際は、友達同士で喜び合い、達成感を感じ合える雰囲気を大切にしましょう。

第2章　さあ、子どもと遊んじゃお！

4　新聞紙で作って遊ぼう

1．遊び方

新聞はいろんな形に変身するぞ。いろんな形に変身させて遊んじゃお！

〈何でもできる玉〉

力を込めて、ギュッと新聞紙を丸める。また、新聞紙に「折り紙」をかぶせると、「カラフルボール」にも変身するぞ！　誰が遠くに、高く、強く投げられるかな？

〈食いしん坊玉入れ＆倒せ段ボール怪獣〉

「食いしん坊箱」にみんなで力を合わせて、手作りボールをたくさん投げよう！　また、「ダンボール怪獣」の頭を落とすことはできるかな？

〈何でもできる棒〉

長い辺から丸めていき、両端から数か所、テープでとめれば完成！

〈挑戦バランス棒〉

掌に立てて、バランスを取ろう。何秒出来るかな!?

〈挑戦交代バランス〉

バランス棒を支える手を素早く反対の手に変えてみよう。バランスを保ったまま少しジャンプさせるのがコツだ。

〈落ちる棒キャッチ〉

上に投げて、落ちてくる棒をナイスキャッチしてみよう。両手でよくねらってつかもう！

〈やり棒投げ〉

棒の真ん中あたりを持ったら、助走をつけて「えいや～」と投げよう。どこまで飛ぶかな？

〈みんなでキャッチ〉

自分の前にバランスよく棒を立てる。「せ～の」の合図で、右隣りの友達の棒をキャッチしに行く。全員が上手くキャッチできれば大成功！

〈何でもできリング〉

長い辺から丸めていき、端から雑巾を絞るように固くねじっていって、テープでとめれば完成！

3．身近なもので遊んじゃお

〈一人輪投げ〉

そっと上に投げて、足先でキャッチ！

〈二人輪投げ〉

二人組になって、投げたリングが上手に手の中に入れば、ナイスリング！　ちょっとずつ距離を広げてみよう！

2．味つけ

3つ（何でもできる玉、何でもできる棒、何でもできリング）を組み合わせて遊んでみよう。

〈棒と玉の組み合わせ〉

棒をバランスよく立て、その上に玉をおく。よく狙って、玉を棒で打ち抜く！　玉が前に飛んだら、ナイスバッティング！

二人組で一人は玉をゆっくり投げる。動いてる玉に当てられればナイスバッティング！

〈棒と輪（リング）の組み合わせ〉

友達が構えた棒に、上手にリングの輪を入れてみよう！　できたら、徐々に遠くに。小さいリングで挑戦してもいいぞ！

〈棒と玉と輪（リング）の組み合わせ〉

玉を地面に置いて、棒で打って転がしてみよう。上手くリングホールに入れば、ホールインワン！

3．楽しく遊ぶために

【安全のコツ】新聞紙という素材はやわらかく、リングや玉など、自分や相手に当たってもそれほど痛くはありませんが、室内で行う場合は、必ず「周りを見ないで投げるとどうなる？」など安全管理の言葉かけを行うようにしましょう。

【展開のコツ】①ここでは家庭でも楽しめるよう、二人でできる遊びを多く紹介しています。「今度はおうちの人としてみようね」など、園だけでなく家庭での遊びも豊かになるよう、子どもや保護者に新聞紙遊びの楽しさを伝えていきましょう。②遊び終わった後は、インクで手が汚れますので、手洗いの指導を必ず行いましょう。

5 すずらんしっぽで遊んじゃお

1. 遊び方

〈ひらひらダッシュ〉

すずらんテープを2～3m位の長さに切ろう。手に持って走れば、すずらんテープがひらひら空を泳ぐぞ！　腰やおでこなどからだのいろいろな部分に当てて、落ちないように走ったり、二人組でチャレンジしてもおもしろいぞ！

〈ロングしっぽダッシュ〉

すずらんテープをズボンのお尻にしっかり入れて全速力で走ってみよう。上手くいけば、しっぽがひらひら宙に浮くぞ！　友達の応援パワーをもらってチャレンジだ！　上手くできたらしっぽの数＆色を増やしてみてもおもしろいぞ！

〈ロングしっぽ取り〉

しっぽを付けたまま向かい合おう。「スタート!!」の合図でお互い相手の隙を付いてしっぽを取り合おう。先に相手のしっぽを取った方が勝ち！

3. 楽しく遊ぶために

【展開のコツ】この遊びは、すずらんテープが宙に浮く感覚的な楽しさを味わいながら、子どもなりに挑戦心を持って取り組むことが出来る遊びです。保育者は成功した際には子どもが十分に達成感を味わえるように「おしい！」「あとちょっと！」「やった〜！」など、子どものやる気をくすぐる言葉かけをしたり、成功を共に喜びましょう。また、子ども同士が自然に応援し合い、成功したかどうか互いに伝え合うようにし、応援し合う仲間関係を築く契機にしていきましょう。

【安全のコツ】ちぎれにくい素材のため、手に巻きつけて走った際、仲間がテープを踏んだりすると危険です。からだに巻きつけて遊ばないよう伝えておくことが大切です。

3．身近なもので遊んじゃお

6 すずらんポンポンで遊んじゃお

〈すずらんポンポンの作り方〉

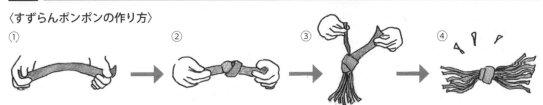

すずらんテープを30cmに切り、結び目が真ん中になるように固結びをします。テープの両端を割いていくと、あら不思議！　フワフワのすずらんポンポンの完成！

1．遊び方

〈ふ～ふ～お散歩〉

ポンポンを下に置いたら、腹這いになって、思いっきり息を「ふ～～～～～～」としてみよう！　アッという間に遠くまで進むぞ！　友達といろいろなところを散歩しても楽しいかも。

〈ふ～ふ～リフティング〉

頭上にポンポンを投げたら、上を向いて思いっきり息を「ふ～～～～！」とすると、高くまで飛んでいくぞ！　そのまま息だけで何回リフティングできるかチャレンジだ！

〈ふ～ふ～飛ばし大会〉

ポンポンのひらひらを1本だけ指でつまんで目の前で持とう。おもいっきり息を「ふ～～～～！」として前に飛ばしてみよう。友達と飛ばしっこ競争すると楽しいぞ。どこまで飛んでいくかな？

〈願いの流れ星キャッチ〉

一人一人のポンポンを一つに合体させて願いの流れ星を作ろう。高いところから降ってくる願いの流れ星を手や三角帽子などでキャッチしよう！

3．楽しく遊ぶために

【導入・展開のコツ】 すずらんポンポンを作る際、子どもにとっては両端から割いていく作業は根気が必要です。子どもが「あれを作ってみたい！」「あれで遊びたい！」と強く想えることが、ポンポン作りには大切です。そのため保育者は見本を見せながら、空中にクラゲがいるかのようにフワフワとゆっくり落ちるポンポンのおもしろさを紹介しましょう。

また、ポンポンを前に飛ばしたり、上に吹き上げるには練習が必要です。対決したりする前に十分に繰り返し一人で楽しむ時間をつくりましょう。

第2章 さあ、子どもと遊んじゃお！

7 タオルで遊んじゃお

1. 遊び方

〈タオル綱引き〉 〈メリーゴーランド〉

二人組になり、一人はタオルの両端を持ち、もう一人は中央部分を握る。　ゆっくりと引っぱり合いをスタート。足が動いた方の負けだぞ。　引っぱり合いのあとは一緒に回ってみよう！

2. 味つけ

〈パンチ＆キック〉

タオルの片端を結んでコブを作り、その結び目を全力で叩いたり、蹴ったりしてみよう。

〈タオルクーラー〉　〈タオルブランコ〉

少し疲れたら休憩タイム。一人はタオルの端を持って、全力でタオルで仰ごう。涼しいかな!?　三人組になり、そのうち二人はタオルの端をしっかり持ち、少したるませておこう。　残りの一人はタオルの上に座ったら、少し足を上げてみよう。大丈夫そうなら少し揺れてブランコしちゃおう！

3. 楽しく遊ぶために

【安全のコツ】引っぱり合ったり、回ったりする際には、手をタオルから離さないようしっかり握るよう伝えましょう。また、どちらか一人が急に力を加えるとからだを痛めたり、バランスを崩して転倒する危険もあります。保育者が声をかけながら徐々に力を入れていくよう伝えましょう。

【展開のコツ】ブランコをする際は、まず「力試し」として、タオル上に座るだけの遊びからはじめ、落下による怪我が起きないように十分注意しましょう。また、二人で支えられない時は、無理せず応援を頼むなどしましょう。タオルブランコは、友達と力を合わせて成功すると達成感が大きい遊びです。成功した喜びをグループのメンバー同士が喜び合える雰囲気も大切にしましょう。

3. 身近なもので遊んじゃお

8 ハンカチを使ってみんなで遊ぼう

1. 遊び方

〈チャレンジキャッチ〉

〈ちょうちょさんとまらないで〉

ひらりとハンカチを上に投げたら頭やお尻など、からだのいろいろな部分でキャッチしてみよう。慣れてきたら保育者や友達のコールしたからだの部分でキャッチしてみよう！

二人組になって「ちょうちょ♪ちょうちょ♪○○ちゃんにと〜まれ！」と歌ったらハンカチを離そう。落ちてくるちょうちょが顔にとまらないように、からだをひねってよけよう！

2. 味つけ

〈ついてこ〜い！〉

①みんなで円になって内向きに座り、頭の上に自分のハンカチをのせよう。鬼役（一人）は「ついてこ〜い♪」と言いながら、好きなだけハンカチを取って回ります。待っている間は鬼に取られるか取られないかドキドキだぞ！

②ハンカチを持って行かれた子は鬼に付いていこう。鬼が「いってらっしゃ〜い！」とハンカチを遠くに投げたら、ダッシュで自分のハンカチを探しに行って、元いた場所に戻ろう。

3. 楽しく遊ぶために

【展開のコツ】ハンカチキャッチは、個人でもペアでも集団でも遊ぶことができます。いろんなバリエーションを考えてみましょう。「ついてこ〜い」はその形態的にハンカチ落としの前段階の遊びとしても最適です。座る場所にテープをはっておくと目印になります。たいていの子どもはハンカチを取ってほしいと思っているので、ハンカチを取られていない子の様子を確認しながら、それとなく鬼に考える言葉をかけたりしてもいいでしょう。

③

一番遅いと次の鬼になってしまうぞ！

今を見つめ未来を考える：遊びの創意工夫

　以前は家の中でしていたテレビゲームも最近では携帯ゲームの普及とともに公園などで子どもがゲーム機を持って遊んでいる光景も珍しいものではなくなってきました。Benesseが2010年に実施した幼児の生活アンケートの結果からは、携帯ゲームで遊ぶ幼児の割合が17.8％に上ることが報告されており、ゲームを使った遊びはすでに幼児期から始まっている様子が窺えます。山下（1955）はビューラーによる遊びの分類を基に遊びの分類を行い、下表に示す五つに分類しており、ゲームによる遊びは④受容遊びに分類することができます。ゲームで遊ぶ子どもの増加は受容遊びの増大であると言えます。

　また、Benesseの同報告では現在の幼児の遊び上位5つについても報告されており、2位「つみ木、ブロック（68.0％）」、3位「人形遊び、ままごとなどのごっこ遊び（56.6％）」であることが報告されています。こうした遊びは先述の山下による遊びの分類では⑤構成遊びや③想像遊びに分類され、子どもたちにとっては楽しく、またその育ちにとっても意義のある遊びの1つです。しかしながら、最近ではこうした遊びに用いられる素材が親から子へ買い与えられた素材を用いて遊ぶことが多くなっているように思えます。すなわち既製品を用いた遊びの増大と捉えることができます。

　このように子どもたちの遊びを概観してみると、受容遊びや既製品を用いた遊びが増加する一方、自分自身で一つの素材から物を作り出しそれを用いて遊ぶといった一連の流れのある創造的な遊びというものが失われてきていることに気づかされます。

　最近では、少数ではあるものの、保育中にどのようにして遊べばよいかわからず、保育者に何をして遊べばよいか聞く子どもの存在が指摘されています。また、創意工夫し、創造しながら遊ぶ中で、子どもは自分で遊びに必要なものを作ってきました。そうした機会の減少は、同時に手指の使用の減少にもつながっており、指先に力が入らない、ノリを塗る量を上手く調節できないなど、手指の巧緻性の低下につながるといった心身への影響とも無関係ではないのではないでしょうか。

　こうした子どもの現状を踏まえ、本節ではできるだけ多くの子どもが創意工夫しながら遊びを進めていけるよう、身近にある素材を取り上げています。また創意工夫に関して次の2点を重視した遊びを提示しています。一つ目は想像力を働かせながら、素材を見立てて遊ぶといった創意工夫。二つ目は一つの素材でできる限り多様な遊びを発展させるといった創意工夫です。

　いずれにせよ、現在の子どもの状況を考えると、保育の中で創意工夫する遊び経験を子どもたちに十分保障してやりたいものです。

表　山下（1955）による遊びの分類

①感覚遊び	視覚、聴覚、触覚、嗅覚、味覚などを通して楽しむ遊び （紙を破いてその音を楽しむ、風の音を聴くなど）
②運動遊び	身体を動かすことを楽しむ遊び （かけっこ、立ったり座ったりをくり返し楽しむ、三輪車、すべり台など）
③想像遊び	想像力を活発に働かせて楽しむ遊び （ままごと、お店屋さんごっこ、劇遊びなど）
④受容遊び	絵本を見る、テレビを見るなど、受け身的に受け取ることを楽しむ遊び （絵本を見る、お話を聞く）
⑤構成遊び	ものを組み立てたり、創り出すことを楽しむ遊び （つみ木遊び、折り紙、絵を描くなど）

第4節

移動遊具で遊んじゃお

　「マット」「とび箱」「ボール」など、保育現場には数多くの大型、小型の移動遊具があります。こうした遊具を用いた遊びは、子どもにとって独特の楽しさや、運動技能の育ちを促す効果があります。一方で、使い方を間違うと怪我につながる恐れもあり、安全管理がとても重要になります。

　本節では、「マット」「とび箱」「ボール」「フープ」「長縄・短縄」など、日常の保育でよく用いられる遊具を取り上げます。安全面に留意しながら、これらの遊具が持つ特徴を活かした遊び内容を取り上げていきます。

第 2 章　さあ、子どもと遊んじゃお！

1 マット遊びアラカルト

その1　コロリンチャンピオン

1. 遊び方

〈一人コロコロ〉

足先から手先までまっすぐ伸ばして、マットからはみ出さないように寝転がってみよう。

〈二人コロコロ〉

慣れてきたら、マットを二枚くっつけて二人組でやってみよう。

2. 味つけ

〈コロコロジェットコースター〉

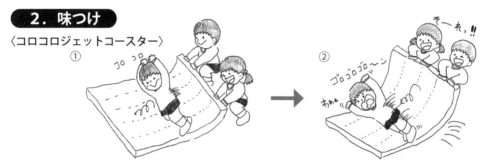

バージョンアップ版として、一人が寝転がり、二〜三人がマットの端を持つ。

最初はゆっくり、マットの端を持ち上げながら少しずつ勢いをつけて遊んでみよう。

その2　丸太マット

1. 遊び方

〈丸太橋を渡ろう〉

マットを端からグルグル巻いて、丸太マット完成。丸太マットを並べたり、間を空けたりしながら、落ちないように渡ってみよう！　丸太マットをいくつか並べ、2チームに分かれて「ドンジャンケン」もできちゃうぞ！

2. 味つけ

〈丸太運び〉

丸太マットを友達と持ち上げられるかな？
いろんなところに運んでみよう。

〈丸太アタック〉

丸太マットに体当たり！　安全には気をつけて！

4．移動遊具で遊んじゃお

その3　イメージ・マット

1．遊び方

〈おみこしマット〉　　　　　　　　　〈魔法のじゅうたん〉

「おみこし」に見立てて、みんなでワッショイ！　周りの安全を見渡して、みんなで「せ〜の」とおみこしを投げ上げて落とすと…、すごい風が起きるかも！　力持ちさんたちは2枚重ねでチャレンジしてもおもしろいぞ。

「魔法のじゅうたん」に見立てて、大空へシュルル〜ン。魔法のじゅうたんは、クネクネ曲がったりするぞ！　落ちないようにしっかり乗りこなそう！

2．味つけ

〈ワニのお口〉

マットを二つ折にして「ワニの口」に見立てる。子どもはワニの口に足を入れる。保育者は口を少しずつ動かしながら、『ワニさんが…、ガブリ！』と閉じるから、足を食べられないよう素早く抜こう！慣れてきたら、「両手」「おへそ」「お尻」など、入れる部位を変化させてみよう。

〈安全マットに隠れろ〉

保育者は「雷様」、マットを「お家」に見立てます。リズムに乗って子どもがお家の周りを散歩。保育者が『カミナリが来たぞ〜！』の合図で、子どもは一斉にマットのお家に逃げ込む。もたもたしていると、雷様におへそを食べられちゃうぞ！

楽しく遊ぶために

【導入のコツ】その1の遊びは「マットからはみ出さないように」、その2の遊びは「落ちないように」といったことを子どもに意識させる必要があります。保育者が故意に失敗して見本を見せ、子どもに意識させる方法も有効でしょう。

【安全のコツ】その3の遊びは、ダイナミックな動きを伴います。具体的な場面（「転んだら…」「衝突したら…」など）を例に出して、安全管理に留意しましょう。

【展開のコツ】保育者が「ワニ」や「雷様」になりきると、子どものボルテージもアップします。保育者の"その気"が、子どもの"本気"を引き出します。

第2章 さあ、子どもと遊んじゃお！

2 とび箱遊びアラカルト

その1　とび箱クライミング＆ジャンプ

遊び方と味つけ

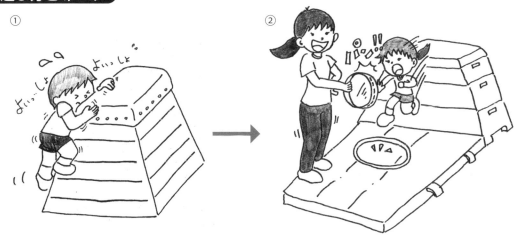

とび箱に「エイ・ヤー！」とよじ登ろう。苦手な子は上手く登れる子どもの手や足の使い方を真似っこして登ろう。

登れたら、その後は大ジャンプ！　保育者とご褒美のハイタッチをしたり、フープめがけて着地したり、何か目標を持ってジャンプしてみよう。

その2　とび箱をバラバラにして遊んじゃお

遊び方と味つけ

〈渡れ！　とび箱橋〉　　〈とび箱カーレース〉　　〈とび箱テッペンバランス〉

とび箱をバラバラにして道を作り、バランスを取りながら歩いてみよう！　体重のかけ方に注意しないと、とび箱が起き上がってしまうことに注意！！

とび箱の一番上の段をひっくり返して乗車。お友達に押してもらうと、とび箱カーに変身。お友達とレースしても面白いかも！！

とび箱の一番上の段をひっくり返してバランスをとりながら、立ってみよう！　まずとび箱の中に入ってから始めるのがポイントだぞ。保育者は横で補助しよう。

「とび箱をバラバラして遊ぶ」遊びがあれば…、組み立てる遊びだってある！⇒その3

4．移動遊具で遊んじゃお

その3　力を合わせて組み立てろ！
遊び方と味つけ

バラバラにしたとび箱を、みんなで力を合わせ、順番を考えながら組み立ててみよう。みんなでよーく考えないと、なかなか難しいぞ！

せっかくとび箱を組み立てたのだから…、それを使って遊んじゃお！⇒その4

その4　何人乗れるかな？
遊び方と味つけ

お友達と協力しながら、一人一人とび箱に乗っていきます。落ちても怪我をしないようにからだの向きを工夫して、時間内に何人乗れるのか挑戦してみよう！

同じ型のとび箱が数台あれば、チーム対抗戦も出来ちゃうぞ！

ただし、転落の危険性を考えてマットを敷くなど、安全管理は徹底しよう。

楽しく遊ぶために

【安全のコツ】子どもの遊びには危険がつきもの。ただし、自分で危険を意識したり、察知できる力も育てたいものです。その1のとび箱ジャンプは、着地時の怪我、その2の橋渡りやテッペンバランスは、体重のかけ方によるとび箱のはね返りによる怪我、その3の組み立て遊びは、一生懸命になりすぎて友達と接触したり、指を挟むなどの怪我、その4の何人乗れるかは、転落による怪我が予想されます。遊ぶ前には、そうした危険を子どもと共有し、「どうすれば危なくないか」を考えたいものです。

【展開のコツ】とび箱を使った遊びでは、いきなり遊び全開モードではじめるのではなく、はじめは練習タイムを設けるなどし、とび箱の扱い方に徐々に慣れたところで、ゲーム等につなげていくことが怪我を防止するためにも大切です。

3 ボール遊びアラカルト

その1　ボールと触れ合って遊ぼう

〈ボールとピッタンこ〉

ボールを地面に置いて、あたま、おしり、おなかなど、からだのいろいろな部分をピッタンこしてみよう。バランスを崩さないように出来るかな!?「お・お・お・おでこ〜」「お・お・お・おなか〜」など、フェイントを入れながら保育者がコールすると盛り上がるぞ！

〈二人でピッタンこ〉

二人組でおなか、おでこ、おしり、足の裏などでボールをはさみ、何秒なかよしバランスができるか挑戦！　はさんだまま散歩したり、リレー形式で遊びを進めてもいいぞ！目指せ息ぴったり二人組！

その2　ボールをキャッチして遊ぼう

〈拍手できるかな！？〉

頭の上にボールを乗せて、ボールが落ちる前に拍手を1回してボールをキャッチしよう。慣れてきたら何回拍手できるか挑戦してみよう。

〈弾ませキャッチ〉　　　　　　　　　　〈上投げキャッチ〉

ボールを地面に叩きつけ、弾んだボールをキャッチしてみよう。キャッチに慣れたら次のステージ！　真上にボールを投げてキャッチしちゃおう！　あんまり高く上げ過ぎると難しい。少しずつ高く上げよう！

4．移動遊具で遊んじゃお

その3　転がしキャッチボールしよう

〈座ってキャッチボール〉　　　　　〈トンネルキャッチボール〉

　足を広げて座り、二人組でコロコロキャッチボール！　仲間が増えても楽しいぞ。少しずつ二人の距離を遠くにしてみたり、高速コロコロをやってみよう！

　三人組になり、そのうちの一人は真ん中に立とう。残りの二人は真ん中にいる子の足の間を上手く通るよう狙って転がしてみよう！

その4　投げて遊ぼう

〈おもいっきり投げ〉　　　　　〈投げろ！　駆け抜けろ！〉

　的を立てたりブルーシートを張り、そこにおもいっきりボールを投げ込もう！　爽快だぞ！

　8mほど離れた線を2本引こう。その間を保育者（または子ども1人また数人）が走って駆け抜けるぞ！　線の外から狙い定めてボールを当ててみよう！　なかなか難しいぞ！　はじめはA線側の子どもだけがボールを投げ、ボールを投げる方向を一方向にすると安全でわかりやすく展開できるぞ。

楽しく遊ぶために

【展開のコツ】 その1やその2の遊びを通して、ボールの扱い方やボールの硬さや重さによって弾み方が変わるおもしろさを味わう中で、ボールの特性を感じていけるよう、子どもに声かけや発問をしてみるとよいでしょう。その3の遊びでは転がすボールのスピードを「のろのろコロコロレベル」や「スーパー速いぞレベル」など速さを変えて実施したり、ボールを転がす人数を徐々に増やしていくと、難易度が変わりおもしろくなります。その4の遊びについては、はじめはA線の側の子どもだけがボールを投げるなど、ボールの転がる方向を一方向にすると安全でわかりやすく展開できます。

【安全のコツ】 ボールで遊ぶ際は、特に遊び始めの頃はボールのかわし方が上手くなく、ボールを避けようとジャンプしてボールの上に着地してしまい、転倒して怪我につながることがあります。そのため、ジャンプで避けるのではなく、片足をパッと上げて避けるなどの方法を提示するとよいでしょう。

第2章　さあ、子どもと遊んじゃお！

4 フープ遊びアラカルト

その1　回す、くぐる、跳ぶ

〈回して遊ぼう〉

腰で回したり、掌・手首・腕で回したり、足で回したりしてみよう！　回すのに慣れたらスリル満点のフープ送り。腕で回したフープを友達の腕にパスして送ってみよう。
フープ1本だけでなく、二～三本で回すと難しくなるぞ！

〈ロケットはっしゃ〉　〈くぐって遊ぼう〉

フープを両手で持ったら頭上に上げよう。「3・2・1…発射！」の合図で手を放してロケット発射！
また、二～三人組になり、一人はフープを持ってトンネルを作ろう。他の子どもはフープに当たらないよう上手くくぐろう！

〈跳んで遊ぼう〉

フープを両手で持ち足を乗せてピョンピョン跳ぼう。そのまま散歩だって出来ちゃうぞ！

フープを両手で持ち、なわとびみたいに跳んじゃおう！

その2　転がして遊ぼう

〈コロコロ散歩〉

フープを立てるように片手（または両手）を添え、転がしながら散歩してみよう。線を引いて、その上を上手く転がしながら散歩してもおもしろいぞ！

〈遠くまで転がしてみよう〉

できるだけ真っすぐ転がすと遠くまで転がるぞ！

その3　フープを渡って遊ぼう！

〈けんけんぱ〉　　　　　　　　　〈忍者走り〉

たくさんフープを散らばらせておき、ケンケンパのリズムで跳ぼう！　少しずつフープ同士の距離を離して、ケンケンジャンプにもチャレンジしよう。

フープを一列に並べ長い道を作ろう。フープから足を踏み外さないように「シュシュシュッ」と素早く忍者のように渡ろう！　「赤色飛ばしの術」など、特定の色は飛び越えるルールを作るのもいいだろう。

その4　フープでゲーム

〈いろいろ探し〉　　　　　　　　〈フラフープバスケット〉

保育者がコールした色のフープに入ろう！　遅い子は保育者がコチョコチョ攻撃してくるぞ。2回、3回と進めていく際、フープの数を減らしていくと、一つのフープの中に大勢が入らないといけなくなるぞ。協力して、少しでも多くの友達と中に入ろう！　また、移動の仕方をケンケン、カエル跳びなど変化させてみよう！

まず、鬼役を一人決めよう。それ以外の子は一人ずつフープの中に入ろう。鬼が「赤！」とコールしたら、赤のフープに入っている子は違う赤のフープに引っ越し！　そのとき鬼も赤のフープに入って来るから、一人の子は入れなくなっちゃうぞ！　入れなかった子は次の鬼をしよう。色を2色以上コールしたり、二人組でやってみるとより楽しくかけひきできるぞ！

楽しく遊ぶために

【展開のコツ】その1とその2のように、フープはいろんな操作の仕方があります。そうした技術を子どもが楽しんで身に付けていけるよう十分に遊ぶ時間を確保しましょう。保育者も練習を積んで華麗に見本を見せることが出来れば、子どもの興味はぐんと高まります。また、フープはその3・4のように、遊ぶ際に目印として様々な活用が出来ます。フープを使ったゲームをする際は、フープの特性である「色」や「数」、フープ同士の「距離」に着目し、変化させながら遊びにアクセントを加えましょう。

【安全のコツ】フープの操作に夢中になって友達とぶつかってしまったり、フープに乗り上げてしまい転倒することが無いように、遊ぶ前に注意点を確認しましょう。

第2章　さあ、子どもと遊んじゃお！

5　なわ遊びアラカルト

その1　なわなわ変化

〈にょろにょろへび〉

手首を左右に素早く振ってみよう！　なわを長くすれば巨大へびになるぞ！

〈プロペラ（縦・横）〉

からだの横に肘を固定して回そう！　どれくらい早く回せるかな!?
頭の上で回せばヘリコプターだ！

その2　引きずり遊び

〈手握りバージョン〉

折りたたんだなわをしっかり握ろう。うつ伏せで寝てから、はじめはゆっくり安全運転でGO！

〈足巻きつけバージョン〉

仰向けになり、足に二巻きほどして出発。カーブのときに友達が壁にぶつからないよう注意！

〈脇挟みバージョン〉

保育者と子ども、親子で遊ぶとおもしろい。
バンザイをし、なわを脇の下から前に通します。仰向けで寝転びスタート！
引っ張られる子はしっかり顔を上げてアゴを引き、なわをしっかり持って出発しよう！

その3　複数本使って遊ぼう

〈線路遊び〉

上下いろんな高さになわを張り、跳んだりくぐったりして進んでいこう。もし友達がなわに引っ掛かりそうな時は、なわを持つ人は手を離すなどしてなわを緩めよう。

たくさんの長なわをつなげて線路に見立てよう。
細い線路から落ちないようにドライブに出発！

その4　ハリケーンロープ

〈ジャンプでよけろ！〉

保育者が地面すれすれに回すなわに足が引っかからないようにジャンプしてとび越そう！

〈くぐって進め！〉

保育者はなわを頭上で持ち、なわの先端が腰の位置になる程度にゆっくり回そう。子どもはそ〜っとかがみながらなわを避けて保育者の足にタッチできたらOK！

〈門限ダッシュ！〉

保育者は頭の高さ位になわを張って門を作ろう。「スタート」の合図で子どもはダッシュで門をくぐろう。この門は5秒でしまっちゃうぞ！　2回戦からは少しずつスタートとゴールの距離を遠くして難しくしちゃおう！

〈ダッシュくぐり〉

保育者は子どもが走りぬけていく方向になわを回します。子どもは保育者の「いち・にの・さん！」の合図でくぐり抜けよう。一人でできたら、次は二人組、三人組でチャレンジしてみよう！

楽しく遊ぶために

【安全のコツ】なわを使った遊びには、いろいろな楽しみ方があります。その一つとして、「長縄を使った遊び」では主に「スリルを楽しむ遊び」を多く取り上げ、「短縄を使った遊び」では二人組でできる遊びを取り上げています。ただ、なわを使った遊びは「あたる・ひっかかる」といった怪我につながる恐れがあります。そのため、保育者自身がなわを扱う際は、はじめはゆっくり回すこと、子どもがひっかかったときはすぐになわを緩めることを意識しましょう。子どもは「早く回して」など難易度を高める要望をしてきますが、慎重に対処するよう心がけましょう。子ども自身がなわを回すときは、どの遊びも周りや一緒に遊んでいる友達をよく見て遊ぶことの大切さを伝えましょう。

今を見つめ未来を考える：遊びの中の動き

幼児期は運動中の姿勢を調整してバランスをとったり、機敏に動いたり、運動を巧みに行うなどの調整力の発達が著しい時期です（第1章参照）。この調整力の発達は成長と共に勝手に発達するわけではなく、ある程度の運動経験を行うことで発達していきます。このとき必要な運動経験の具体的な内容として、多様な運動動作を経験することが挙げられます。具体的に、体育科学センター（1980）は①平衡系の動き（たつ・ころがるなど）、②移動系の動き（のぼる・かわすなど）、③操作系の動き（かつぐ・ころがすなど）からなる、幼児期に獲得される84種の動作を挙げています。

しかし、外遊び時間が減少し、活発な身体活動を伴う遊びが減少している中で、調整力の育ちに必要な多様な運動動作の経験までもが減少していると考えられます。実際に幼稚園で実施した調査（2012、下表参照）によると、特に操作系の動きの要素である、「荷重動作（おす・おさえつけるなど）」や「攻撃的動作（たたく・ぶつかるなど）」の経験が少ない様子が窺えます。こうした動作を通して身体操作性を向上させ、ひいては自分の身をかばうといった怪我を予防するスキルにつながっていくと考えられることから、操作系の動き経験の減少は憂慮すべき事態であると言えます。

そこで本節では、安全面に考慮しながらも、子どもが84種類の多様な動作を経験でき、なおかつ、現在少なくなっているたたく、ぶつかるなど操作系の動きを経験できるよう遊びを提示しています。

ところで、最近では保育中に運動遊びの時間が設定され、その中で子どもの身体活動の機会を保障している園が多くなっているように思います。例えば、そこでは最終的にとび箱が跳べるようになることを目標に、すべての子どもがとび箱を跳べるよう、とび箱を跳ぶために必要な運動動作の経験を手順を踏んで実施している園もあると思います。近年の子どもの運動能力・体力低下傾向や、小学校以降の体育の授業内容とのつながりを考えると、幼児期において運動技能の獲得を目指した保育もある程度は重要でしょう。一方、とび箱やマットはあるけれども普段の保育になじまないため、あまり活用していないというような園も多いのではないでしょうか。

いずれにせよ、こうした状況に共通して言えるのは、その背後に「とび箱はこのようにして使うもの」といった移動遊具に対する固定観念があるのではないでしょうか。

本節では、移動遊具を技能獲得のための遊び道具ではなく、あくまでも遊ぶための素材の1つとして考え、素材の特徴を活かした様々な遊びの展開方法を提示するよう留意しました。このように、保育者は自分の中にある移動遊具に対する固定観念を砕いて、一つの素材で遊びを多様に生み出し、子どもが多様な動作の経験ができるよう、遊びを創造することが求められているように思います。

表　T幼稚園で設定保育・自由遊び時に出現した動作割合（2012）

		体育科学センターが挙げた動作数（A）	設定保育・自由遊びで出現した動作数（B）	出現割合（B/A）
平衡系の動き	姿勢変化	14	12	85.7%
移動系の動き	上下運動	9	9	100.0%
	水平動作	11	10	90.9%
	回転動作	7	7	100.0%
操作系の動き	荷重動作	13	7	53.8%
	脱荷重動作	5	5	100.0%
	捕捉動作	12	12	100.0%
	攻撃的動作	13	5	38.4%
合計		84	67	79.7%

注）（B）の動作数は4、5歳時の担当教諭4名が1年間の保育を振り返り、設定保育時、自由遊び時に取り組んだ遊びに含まれる動作数をチェックしたもの。

第5節
自然といっしょに遊んじゃお

　子どもは自然を五感で感じとったり、自然物を使って創意工夫して遊んだり、自然の場でからだをダイナミックに使って遊ぶなど、自然から多くのことを学び、それが多様な発達につながります。本節では、「園庭で」「散歩で」「河原で」「里山で」という4つの場面を取り上げて遊び方を提案します。保育者や保護者に自然を取り入れた遊び心があれば、子どもの遊び心も花開き、体力・社会力（仲良しの力）・感性・知性も向上するでしょう。自然と触れ合って様々な遊びをやってみましょう！

第2章　さあ、子どもと遊んじゃお！

【園庭で…】

園内や園外の身近な自然を活用して、どんな遊びができるかな…？

【散歩で…】

5．自然といっしょに遊んじゃお

【河原で…】

子どもが自然と触れ合って、仲間と一緒に、いろんなことを感じ、考え、試して欲しいんだけどなあ…。

【里山で…】

第2章 さあ、子どもと遊んじゃお！

1 園庭で

●「土」といっしょに

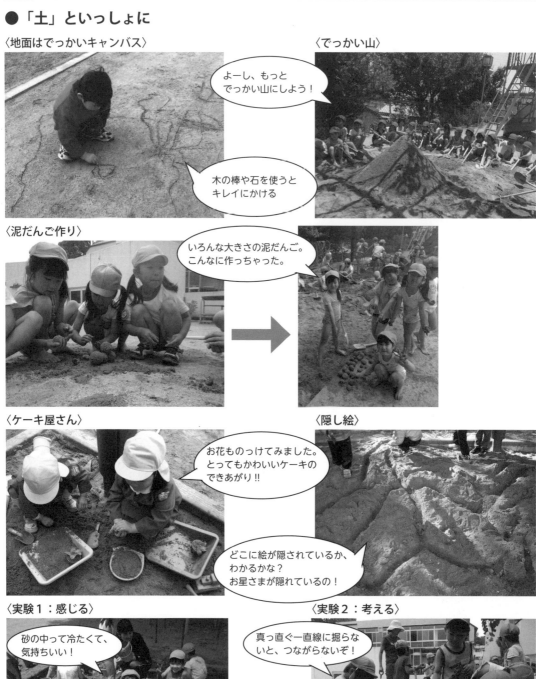

〈地面はでっかいキャンバス〉
「よーし、もっとでっかい山にしよう！」
「木の棒や石を使うとキレイにかける」

〈でっかい山〉

〈泥だんご作り〉
「いろんな大きさの泥だんご。こんなに作っちゃった。」

〈ケーキ屋さん〉
「お花ものっけてみました。とってもかわいいケーキのできあがり!!」

〈隠し絵〉
「どこに絵が隠されているか、わかるかな？お星さまが隠れているの！」

〈実験1：感じる〉

「砂の中って冷たくて、気持ちいい！」
「外は温かくて、サラサラ…！」

〈実験2：考える〉

「真っ直ぐ一直線に掘らないと、つながらないぞ！」

5．自然といっしょに遊んじゃお

●「水」といっしょに

〈1人で運ぶ〉　　　　　　　　　〈みんなで運ぶ〉

こぼさないように、そっと、そっと。

重いぞー！
でもみんなで協力して、持ってくぞ！

〈流す〉

作った水路に流すぞ！

流れている！
流れている!!

●「土」と「水」といっしょに

〈泥遊び・からだで感じる〉

もっと、飛ばせー！
バチャバチャッ！

お風呂みたいで気持ちいい！

手と足に泥を塗ったぞ。
ちょっとずつ固まってきたぞ。
動きにくいなぁー。
ロボットみたい。

〈ボディペインティング〉

先生が、テーブルに絵の具を出してくれた〜！
なんかヌルヌルだぁ〜！

ぬるぬる。
お化けだぞー。

第2章 さあ、子どもと遊んじゃお！

2 園外の自然1：散歩で

● 「土」といっしょに

〈シロツメ草の髪飾りと指輪〉

一本を縦に、もう一本を十字になるように横に置きます。横にしている茎を後ろから回して手前に降ろします。同様にして三つ目、四つ目と編んでいきます。

指輪はとっても簡単です。作ってみてね！

〈ナズナのぺんぺん太鼓〉　〈オオバコで相撲〉

ハートの葉っぱを指でつまんで、下に少し引っ張ります。茎をつまんで、くるくる回すと音が鳴るよ。

オオバコで相撲ができます。切れたら負けだぞ！

〈たんぽぽの綿毛とばし〉　〈ひっつき虫ダーツ〉

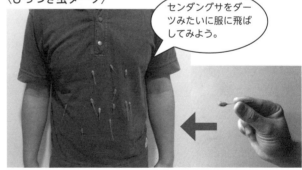

ふぅー！どこまで飛んでいくのかな？

センダングサをダーツみたいに服に飛ばしてみよう。

〈エノコロ草の猫じゃらし〉

よーし、競争だぁー。なんか、毛虫みたい！

5．自然といっしょに遊んじゃお

● 「五感」で感じよう

〈においをかぐ〉　　　　　　　　　　　〈動物をみつけよう〉

どんな匂いがするのかな？
甘い匂いがするね。

どこかから鳴き声が聞こえるぞ？
ツバメの巣を見つけたぞ！

〈色をあじわう〉

夏　　　　　　　　　　　　　　　　　　　　　　　　　　　秋

葉っぱの色が変わってきてるね。

葉の色合いによって季節が感じられます。

〈空をみよう〉　　　　　　　　　　　　〈静かな場所を感じよう〉

ひこうき雲を発見！！
きれいだなぁー！

なんだか、とっても静かだね。

〈危険を知る〉　　　　　　　　　　　　〈安全マップ作り〉

道路は車も通るよ。
危ないから横断歩道は手を上げよう。

どこが危ない場所だったか、みんなで地図にしてみよう。

第2章 さあ、子どもと遊んじゃお！

3 園外の自然2：河原で

●「石」で遊ぼう

〈宝石さがし・ストーンペインティング〉

お気に入りの石を見つけよう。アクリル絵の具でお絵かきしてもいいぞ。

〈グラグラタワー〉

ここまで、積めたらすごいぞ！！積めば積むほど、グラグラするぞ。

〈水きり〉

水面と平行に投げるのがコツ！

〈石投げ遊び〉

タワーに当てるぞ！やった！たおれた！

●「河辺」で遊ぼう

〈川の音を聞こう〉

とてもゆっくり！静かに流れているね

〈川の中をのぞこう〉

空きビンの裏側で水中メガネ！また、「のぞきメガネ」を作ってみよう。筒状の物の片方にラップを張って、ガムテープで固定するだけでできます。

〈ザリガニを捕まえよう〉

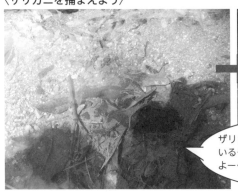

ザリガニは、川や田んぼや用水路にいるぞ！かくれんぼが上手なので、よーくみて探してみよう！

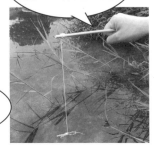

するめやにぼしをエサに、ザリガニ釣りをやってみよう。ザリガニがするめを挟んだら持ち上げよう。

5．自然といっしょに遊んじゃお

〈ささ舟の作り方〉

〈舟競争〉

〈ダム作り〉

● 「土手」で遊ぼう

〈かけ上がろう！〉

〈滑って遊ぼう〉

〈コロコロ下り〉

〈みんなでお昼寝〉

4 園外の自然3：里山で

●「木」や「葉」といっしょに遊ぼう

5．自然といっしょに遊んじゃお

●「冒険」をして遊ぼう

83

第 2 章　さあ、子どもと遊んじゃお！

5　自然といっしょに楽しく遊ぶために

　4つの場面を取り上げ、遊び方を提案しました。以下、楽しく遊ぶための「導入」について説明します。次に、自然の中での遊びによって様々な力が育まれると考えられますが、その際、どのような育ちが期待できるのかについて「展開のコツ（展開視点）」として整理します。最後に、自然の場での遊びは多くの育ちが期待できる一方で、危険と隣り合わせです。安全に関わる留意事項を「安全のコツ」として簡潔に整理します。

【導入】
- 自然の場で遊び（活動）を展開する前、どのような場でどのような遊びができるのかを知らせることによって、子どもの興味関心は高まります。実地踏査時の写真やビデオ、絵本、図鑑などを通して、活動への期待感を持たせたいものです。
- 保育者が自然とのかかわりに消極的であると（例えば、カエルなどの小動物や泥遊びへの嫌悪感など）、子どもにもそれが心理的に伝染することがあります。保育者の開かれた態度が子どもの体験に影響することを忘れないようにしたいものです。

【展開のコツ（展開視点）】
- 友だちと大声を出しながら自然遊び（芝滑り・水遊び・泥遊びなど）に熱中する子どもの姿は、からだとこころを開放している姿ともいえます。こうした遊びが「情緒の安定」につながります。
- 大きな砂山を作る、石を高く積み上げるなど、友だちとイメージを共有しながら力を合わせて遊ぶことにより、「想像力・創造力」や「協同性」を培っていきます。
- 視覚情報に頼ることが多い暮らしの中で、そっと目を閉じて、耳を澄ませてみたり、匂いを感じ取ろうとするなど、聴覚・臭覚・味覚・触覚を働かせる機会を作ってみましょう。「感受性の拡大」につながります。
- 自然の中で遊ぶと汗をかいたり服が汚れたりするものです。遊んだ後、汗を拭き、服を着替えるとサッパリします。「生活習慣の獲得」にもつながります。
- 取ってきたザリガニやカエルを飼育することは少なくありません。しかし、飼い方が間違っていたり、世話をしなければ死んでしまいます。こうした小さな命の生と死を通して、「生命感覚の芽生え」を培っていきます。

【安全のコツ】
- 自然遊びの流れを考慮しつつ、点呼（人数確認）を決め細やかに実施しましょう。また、保育者間で引率隊形や役割分担についても十分に共通理解を図りましょう。
- 事前の実地踏査で、子どもが活動する場所や内容、休憩する場所、危険箇所、緊急時の最寄りの病院などをチェックしておくことが大切です。
- 自然遊びに適した服装（里山では蜂が興奮するから黒い服は着ない、ゴロゴロした石が多い小川で遊ぶときはバレーシューズを履くなど）で遊びを展開しましょう。
- 突然の怪我や事故に備え、常に保育者は救急処置（心肺蘇生を含む）の技能向上を図っておくことが大切です。

今を見つめ未来を考える：子どもの自然体験と発達

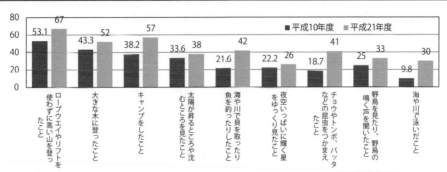

図1　小中学生の自然体験への取組状況：「ほとんどしたことがない」の割合

『青少年の体験活動等と自立に関する実態調査』によると、学校以外の自然体験活動に参加している小中学生は、約10年前と比較して減少傾向にあると報告しています。図1のように、様々な自然体験活動で"ほとんどしたことがない"という割合は全体的に増加しています。

では、子どもの頃の自然体験は、その後の人生にどのような影響を与えるのでしょうか。『子どもの体験活動の実態に関する調査研究』によれば、就学前の自然体験が多いほど、大人になってからの人間関係能力が高いことを報告しています。その他にも、小学生低学年の頃、動植物との関わりが多いほど、大人になってからの共感性、規範意識、職業意識、人間関係能力が高いという結果も報告されています。つまり、子どもの頃の自然への関わりは、その人の生涯に影響を及ぼすことが考えられます。子どもの成長発達を考える時、自然体験活動を積極的に展開できる環境を整えることは現代の重要な課題といえるのではないでしょうか。

しかしながら先に述べた通り、子どもの自然体験活動の機会は減少しています。その背景はどこにあるのでしょうか。第1に考えられることは、人間の生活圏で自然そのものが減少したということ。第2に、インターネットの普及により、簡単に情報が得られることから、自然の場に足を運ばなくなったことが考えられます。例えば、「朝日を見たい…」と思えば、山を登らなくても美しい映像を簡単に情報として入手できます。しかし、実際に山を登り、輝く朝日を目の当たりにしなければ感じられないこともあります。日の出前の暗闇と静けさ、日の出の眩しさやジワリと肌に伝わる温もり、そして、日の出を見ることで、登頂までの険しい道のりの苦しみの感情が一転して喜びに変わる瞬間など、多くの気付きが隠されています。情報社会により知的好奇心が容易に満たされる反面、直接、自然に触れ、自然と格闘しながら物事を探求・吟味する機会が少なくなっています。

では、どうすれば子どもの自然体験を保障できるのでしょうか。山本らは、自然体験活動に参加している子どもの保護者は、自然体験活動に対して肯定的であり、関心をもち、積極的に参加していると報告しています。当然ではありますが、親の意識が子どもの体験に反映するのです。これは、保育・教育現場における保育者や教諭の姿勢と相通ずるものがあります。本節では自然の中で、自然と共に遊ぶ方法を提案しています。是非、自然と一緒に遊ぶきっかけにしてください。

【引用】
国立青少年振興機構（2011）『青少年の体験活動等と自立に関する実態調査』報告書
国立青少年振興機構（2010）『子どもの体験活動の実態に関する調査研究』報告書
山本裕之ほか（2005）「幼児期に豊富な自然体験活動をした児童に関する研究」国立オリンピック記念少年総合センター研究紀要第5号

第6節
伝承遊びを楽しんじゃお

　核家族化や少子化が進む中、子どもが周囲の大人や異年齢の子どもと関わって遊ぶ機会が減ってきています。遊びを通じて人と触れ合い、教え教わり、新たな創造をしていくところに伝承遊びの魅力はあります。伝承遊びは、ただ古くからある遊びを継承するだけではなく、伝えられた遊びを発展させていくという側面もあります。新たな遊びの文化を創り上げることは、子どもたちに課せられた使命でもあり、またその文化の担い手を育てることが保育者の使命でもあります。

6．伝承遊びを楽しんじゃお

1 凧揚げ

1．遊びの歴史

　凧揚げが日本で庶民の遊びとして定着したのは、江戸時代後期のことです。「立春の季に空に向くは養生の一つ」と言われ、縁起かつぎも手伝って庶民のお正月の遊びとして定着していったようです。

　凧には様々な形のものがあります。「六角凧」や「奴凧」、また立体的な「行灯（あんどん）凧」、鳥や蝉の形を模した「鳥凧」「蝉凧」、小さな凧がいくつも連なった「連凧」などもあります。

2．遊び方

オリジナルの凧を作って遊ぼう！
　幼児でもビニール袋と凧糸さえあれば、簡単にオリジナルの凧を作ることができます。

〈一番簡単な凧の作り方〉　　〈グニャグニャ凧の作り方〉

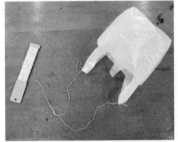
コンビニ袋に凧糸を結ぶだけ

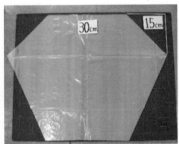
①ビニール袋を切り取る

ストローに切り込みを入れて

切り込みを入れたストローを差し込む

②ストローで骨を作る

③骨をテープで貼り付けて好きな絵を描く

角の部分に爪楊枝を巻き込んでテープで固定する

穴を開けて爪楊枝に糸を結びつける

④糸どめを作る

⑤しっぽをテープで貼り付けて完成

3．楽しく遊ぶために

【導入のコツ】風を感じることのできる、風が強く吹く冬の季節に取り組むといいでしょう。
【展開のコツ】風の具合によって尻尾の長さを変えるなど、いろんな工夫をしてみよう。
【安全のコツ】凧を揚げるときは、周囲に建物や大きな木、電線などのない広い場所で遊ぶようにしましょう。

2 独楽（コマ）回し

1. 遊びの歴史

独楽の歴史は古く、最古のものは紀元前1500年頃のエジプトの遺跡から発見されています。日本で広まったのは、江戸時代の天保年間の頃のようです。投げて回して遊ぶ喧嘩独楽が流行し、芯棒を鉄にして胴にも鉄輪をはめた鉄胴独楽が登場しました。喧嘩独楽は相手とぶつけ合って勝ち負けを競う遊びです。勝敗の結果で取ったり取られたりするという、ギャンブル的な要素も加わっていきました。

2. 遊び方

①ひものこぶを利用して心棒に固定する。

②最初はしっかり、あとは強すぎず弱すぎず。

③小指と薬指で余ったひもをはさみ、人差し指をコマに沿わして持つ。

④地面と平行になるように投げる。手首を効かせてタイミングよく引き戻すのがコツ。

〈いろんな独楽〉

鉄でできたベーゴマ

木の実で作った独楽

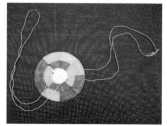
自分で作るブンブンゴマ

3. 楽しく遊ぶために

【導入のコツ】 小さな子どもたちや、上手くひもを巻けない子どもたちは、指でつまんで回すひねり独楽などで楽しむこともできます。

【展開のコツ】 右の級位表などを利用し、「コマ回し名人への道」を子どもとともに極めよう。上手に回せるようになれば、どんどん難しい技（板乗せ・手乗せ・綱渡り）などに挑戦してみよう。

【安全のコツ】 投げる先に人がいないことを確認してから投げましょう。

投げゴマ検定

10級	これからコマ回しをしたいと思う
9級	コマにひもがかけられる
8級	コマにひもがまける
7級	コマが回せる（一瞬でも）
6級	3回投げたら1回は回せる（5秒以上）
5級	3回投げたら2回は回せる（5秒以上）
4級	30秒以上回せる
3級	1分間以上回せる
2級	大箱（60cm四方）入れで5秒以上回せる
1級	小箱（30cm四方）入れで5秒以上回せる

出典：遊び学邑社　コマ回し級位表（一部改変）

3 お手玉（おじゃみ）

1. 遊びの歴史

お手玉が日本に伝わったのは奈良時代で、平安時代に宮中の遊びとして定着し、遊び方が複雑に発展しながら江戸時代に入り女の子の遊びとして広まりました。その頃から、布の端切れなどを利用し、中に小石などを入れてお手玉を作っていたようです。地方によって「じゅずだま」「おじゃみ」「いしなご」とも呼ばれています。「いしなご」と呼ばれるのは、中に小石を入れていた頃の名残と思われます。最近のお手玉は、プラスチック製の粒状ペレットを中に入れているものが主流のようです。

2. 遊び方

〈投げ玉遊び〉

二人一組で、歌のリズムに合わせて投げ合いっこをします。最初は1個から。慣れてきたら2個に増やしてみましょう。いつも子どもたちと歌っている、童歌のリズムに合わせて楽しんでみましょう。

〈ひとり投げ玉遊び〉

ひとりで投げ上げたり、拾い上げたり、お手玉を2個から3個と増やしていきましょう。

扱いに慣れてきたら、投げ上げるだけではなく手の甲で跳ね上げたり、下に置いたお手玉を拾い上げたり落としたり、いろんなテクニックを使いながら唱え歌に合わせて遊んでみましょう。

【二人で遊ぶお手玉遊び 「あんたがたどこさ」】
ひとりでお手玉を2個持って、投げ上げながら回せるようになったら、歌に合わせて二人で楽しんでみましょう。歌詞の中の**さ**の部分で、お互いに自分のお手玉を相手に投げ渡します。最後の「ちょいとかくせ」でお手玉を両手に持って頭の上に隠します。

> あんたがたどこ**さ** ひご**さ** ひごどこ**さ**
> くまもと**さ** くまもとどこ**さ** せんば**さ**
> せんばやまには たぬきがおって**さ**
> それを りょうしが てっぽうで うって**さ**
> にて**さ** やいて**さ** くって**さ**
> それを このはで ちょいとかくせ

あんたがたどこ

「さ」で相手に投げ渡す。

「ちょいとかくせ」で頭の上に隠します。

3. 楽しく遊ぶために

【導入のコツ】お手玉遊びには、唱え歌がつきものです。身近な歌に合わせて楽しんでみましょう。
【展開のコツ】地域のお年寄りなどと交流を持ち、唱え歌や技を教えてもらいましょう。
【安全のコツ】お手玉が破れて、小さな子どもが詰め物を飲み込まないように注意しましょう。

第2章　さあ、子どもと遊んじゃお！

4　めんこ

1．遊びの歴史

明治時代半ばに、現在の紙製めんこは登場しました。最初の頃は、無地のめんこに「おもちゃ絵」を貼り付けて楽しんでいたようです。最初から絵の描かれためんこが出回るようになると、ブロマイド的な要素が加わり、自分の気に入った図柄のめんこを集めるという楽しみ方も出てきました。

めんこもギャンブル的な遊びとして、子どもたちの間に定着してきました。明治時代にはそのことをよしとせず、めんこ遊びを禁止しようとしたこともあったようです。

2．遊び方

地面に線を引いて「場」を決め、めんこの絵の描いてある方を上にして置きます。投げる順番を決めて、相手のめんこの横に自分のめんこを力一杯叩きつけます。叩きつけた風圧で、相手のめんこがひっくり返った状態を「かえし」と呼びます。また、相手のめんこの下に自分めんこが入った状態を「すくい」と呼びます。こうなれば勝ちです。また、「かえし」や「すくい」の状態にならなくても、「場」の外に出す「はたき」になれば勝ちとなります。勝った人は、相手のめんこを自分のものにすることができます。負けた相手は、新たなめんこを「場」に置きます。失敗するまで挑戦することができます。

かえし　　　　　　　すくい

3．楽しく遊ぶために

【導入のコツ】ボール紙を貼り合わせて厚くしたり、形や大きさ、表面の絵など、オリジナルなものを作って楽しむのもいいでしょう。

【展開のコツ】ギャンブル的要素は、子どもにとって魅力的な一面であり、遊びの重要な要素の一つでもあります。しかし、真剣になるが故に、トラブルが発生することも予想されます。トラブルを避けるには、"みんなのめんこ"を準備し、最終的に手元に残った枚数を競う形にする方法もあります。しかし、遊びは真剣になるからこそ楽しいものです。勝負に負けたら奪われてしまうというリスクの中で、全身全霊をかけて勝負に挑むことも大切な体験なのではないでしょうか。「負けないようにどうするのか」という取り組みや、負けたときの気持ち、また勝って相手のものを手にするときの気持ちなどにも注目し、子どもが真剣になって遊べるような関わりをしたいものです。

【安全のコツ】相手のめんこをひっくり返すには、できるだけ低く構えて叩きつける必要があります。叩きつけたあとに、自分の指を地面に叩きつけてしまわないように注意しましょう。

6．伝承遊びを楽しんじゃお

5 竹馬

1．遊びの歴史

竹馬はその字のごとく、元々は葉のついた笹竹を馬に見立ててまたがって遊んでいたようです。我々がイメージする竹馬は、「高足」や「サギ足」と呼ばれていたようです。大正時代以降に、現在の形の竹馬が「たけうま」と呼ばれるようになりました。明治時代には人の背丈を超える高さの竹馬や、向かい合わせになって二人乗りをするなど、バリエーション豊かな遊び方をしていたようです。

「竹馬の友」という言葉がありますが、これは「幼い頃に、ともに竹馬に乗って遊んだ幼なじみ」という意味です。

2．遊び方

〈竹馬の乗り方〉

①最初は踏み台を使って乗る練習をしましょう。踏み台を使うと、つま先に重心がかかりやすくなります。

②つま先が棒に触れるように足を置き、手を伸ばして、棒を斜め前に倒す姿勢が基本です。竹馬から降りるときに、前に降りられるようになれば、もうすぐ乗れるというサインです。

〈缶ポックリ〉

3．楽しく遊ぶために

【導入のコツ】小さな子どもや、上手く乗れない子どもは、上の絵のようなスチール製の空き缶とひもで作る「缶ポックリ」に挑戦してみましょう。

【展開のコツ】唱え歌に合わせて歩いたり、みんなで動きを合わせて竹馬ダンスを考えてみたり、ケンケンやジャンプ、足を交差させたりするなど、様々な技に挑戦するのもいいでしょう。例えば右表のように、各園でオリジナルの検定表を作って検定会を開き、子どもたちの目標を作ってあげることも楽しいでしょう。

【安全のコツ】練習をする子どもの補助をするときは、前に立って棒を支えてあげましょう。

竹馬検定の例

10級	5秒間、竹馬に乗ることができる。
9級	10秒間、竹馬に乗ることができる。
8級	前に歩くことができる。
7級	横（左右両方）に歩くことができる。
6級	後ずさりができる。
5級	5分以上乗っていられる。
4級	3分以上動かずに乗っていられる。
3級	両足跳びができる。
2級	片足跳び（ケンケン）ができる。
1級	大縄跳びができる。

第2章　さあ、子どもと遊んじゃお！

6　石けり

1. 遊びの歴史

　日本で石蹴り遊びが広く親しまれるようになったのは、明治時代末期以降だと言われています。当時の石蹴り遊びには、「天国と地獄」という名前がつけられていたそうです。これは、ヨーロッパで宗教的な意味合いを持って遊ばれていた石蹴り遊びが、日本に伝わってきたことを意味すると言われています。しかし、日本では宗教的な意味合いよりも遊びの面白さが理由となって、全国に広まっていったのではないでしょうか。特に大都市を中心に遊ばれていたようで、都市の限られた空間の中で、地面に図形を描きルールが形作られて遊ばれるようになったのでしょう。狭い空間であってもからだを使って遊ぶという、子どもの知恵が詰まった遊びと言えるかもしれません。

2. 遊び方

　遊び方として決まったルールがあるわけではなく、様々な地域で異なった図形が描かれ、その図形に合わせたルールが子どもたちの間で独自に決められて遊ばれているようです。

　一般的には、地面にコマ割りされた図形を描き、その図形に石を投げ入れてから蹴り進める方法がとられているようです。図形の種類は様々であり、「かかし」や「かたつむり」など地方によって違いが見られるようです。また、「けんけん」や「けんぱあ」など遊びの動きを呼び名にしたものや、「てんかとり」や「おんせん」など、コマにつけられた名前やコマに描くマークを象徴的な呼び方にしたものなど様々なものがあります。

3. 楽しく遊ぶために

【導入のコツ】子どもにとってはルールが複雑なので、最初は保育者も一緒に入って遊ぶとよいでしょう。

【展開のコツ】ルールの分からない子どもは、戸惑って遊びの輪の中には入れないこともあるでしょう。保育者は、分からない子どもに分かる子どもが丁寧に教えながら遊べる環境を確保したいものです。ルールが分からなかったり、石を上手く投げたり、蹴ったり、ケンケンをしたりできない子どもがいても、あきらめずに遊びに関われるように、子どもを励ましながら遊べるようにしましょう。

【安全のコツ】投げたり蹴ったりする力加減などを充分に指導し、人や物に向かって石が飛んでいかないように注意しましょう。

7 缶けり

1. 遊びの歴史

缶けりは、大正時代以降に男の子の遊びとして登場したようです。終戦後から比較的最近まで、男女を問わず特に小学校高学年以降の子どもたちの間で根強い人気を博した遊びです。1970年代以降の缶入り飲料の普及とともに、子どもたちにとって空き缶が身近なものになり、人気を不動のものにしました。しかし、近年、飲料メーカーが実施した調査によると、缶けりをしたことのある小学生は約25％という結果だったそうです。また、約10％の小学生が、缶けりという遊びを知らないと答えたそうです。

2. 遊び方

①地面に大きめの円を描き、その真ん中に印をつけて缶を置く。
②見つけて捕まえた人を入れておく牢屋の場所を決めておく。
③鬼以外の人が円の外に缶を蹴り出して缶けりが始まるが、缶が円の外に出なかった場合はけった人が鬼になる。
④鬼がけられた缶を拾って元の場所に戻し、目を覆って数を数え切る間に他の人は隠れる。
⑤数を数え終わったら、鬼は隠れた人を捜し始めることができる。
⑥隠れている人を見つけたら鬼は缶のところに戻り、「○○ちゃん、ドン！」とコールして、倒さないように缶を上から足の裏で押さえる。
⑦鬼がコールして缶に触れる前に、見つけた本人や他の隠れている人に缶をけり跳ばされた場合、再び缶を戻して数を数えて鬼を続けなければならない。ただし、けられた缶が円の外に出なければ、けった人が鬼になる。
⑧見つかってコールされた人は、牢屋に入れられる。
⑨捕まってしまった人は、誰かが鬼よりも先に缶をけりとばすことで解放されて再び隠れることができる。
⑩全員捕まれば、最初に捕まった人が次の鬼となる。

3. 楽しく遊ぶために

【導入のコツ】単純な鬼遊びとは異なり、逃げる側が協力するなど戦略的要素の大きい鬼遊びです。保育者も一緒になり、作戦を立てて遊ぶことで楽しさが増すでしょう。

【展開のコツ】子どもの運動能力が、鬼の決定に深く関わってきます。同じ子どもが繰り返し鬼にならないように配慮する必要があります。連続して何回鬼を続けるのか、最初に決めておくとよいでしょう。また、鬼の数を増やしたり、3～4名のグループに別れてチーム対抗で行うのも楽しいでしょう。缶けりは、隠れる側と鬼との間に駆け引きがある戦略的な遊びです。あまり広すぎない隠れる場所がある場が適しています。

【安全のコツ】鬼と見つけられた人が、同じ目標（置いてある缶）めがけて走り込んできます。衝突や間違って相手の脚をけらないなど、事前に注意しておきましょう。

8 あぶくたった

1. 遊びの歴史

「あぶくたった　にえたった…」で煮ているものは小豆ともいわれており、「あずき豆、あずき豆　にえたかどうか食べてみよう…」という歌い方もあるようです。だとすると、「おばけ」は小豆のおばけということになります。小豆のおばけは、"あずきとぎ"や"あずき洗い"といわれ、全国的に知られたおばけだそうです。

2. 遊び方

鬼を一人決め、鬼以外の子どもたちは鬼を真ん中にして手をつないで円になり、①～⑤を展開します。⑥で鬼を「戸棚」に移動してから、鬼と逃げ手の問答が始まり、「おばけの音！」で鬼ごっこの始まりです。以下の流れを参考にして下さい。

歌（「鬼」と「逃げ手」の問答）	子どもの動き
①逃げ手：「あぶくたった　煮えたった　煮えたかどうだか　たべてみよ」	鬼を囲んで円になって歩き、「たべてみよ」で手をつないだまま鬼に近づく。
②逃げ手：「ムシャムシャムシャ」	「ムシャムシャムシャ」で鬼の頭をつついて食べるまねをする。
③逃げ手：「まだ煮えない」	再び手をつないで円になり広がる。
④逃げ手：「あぶくたった　煮えたった　煮えたかどうだか　たべてみよ　ムシャムシャムシャ」	①・②と同じ動きをする。
⑤逃げ手：「もう煮えた」	みんなで鬼の頭をつついて煮えたことを確かめる。
⑥逃げ手：「戸棚にしまって鍵をかけて　ガチャガチャガチャ」	5～6m離れたところに鬼を連れていき、鍵をかけるまねをする。
⑦逃げ手：「お家に帰って　ご飯を食べて　ムシャムシャムシャ」	「お家に帰って」といいながら元の場所に戻り、歌に合わせてご飯を食べるまねをする。
⑥逃げ手：「お風呂に入って　ゴシゴシゴシ」	お風呂に入るまねをする。
⑦逃げ手：「歯をみがいて　お布団敷いて　寝・ま・しょ」	歯をみがくまねをして、お布団を敷くまねをして、その上にしゃがみ、寝るまねをする。
⑧鬼：「トントントン」／逃げ手：「何の音？」	鬼は逃げ手に近づきノックをすると、逃げ手は「何の音？」と鬼に尋ねる。
⑨鬼「風（車・飛行機など）の音」／逃げ手「あ～よかった」	鬼は「風の音」「車の音」「飛行機の音」など、何の音か答えると、逃げ手は「あ～よかった」と安心する。
⑩鬼：「トントントン」／逃げ手：「何の音？」／鬼「おばけの音！！」	「おばけの音」を合図に逃げ手は逃げ、鬼に最初にタッチされた子どもが次の鬼になる。

3. 楽しく遊ぶために

【導入のコツ】最初に鬼を決める際はじゃんけんでもよいのですが、みんなでまるくなってリーダーが一人一人順番に指差しながら「だ・れ・に・し・よ・う・か・な・て・ん・の・か・み・さ・ま・の・い・う・と・お・り」と言い、最後の「り」で指差された子どもが鬼になるという決め方をするのもよいでしょう。また最後に指差された子どもの年齢が小さい場合、「げ・げ・げ・の・き・た・ろ・う」などを足して、年長の子どもになるよう配慮したいものです。

【展開のコツ】ごっこ遊びの要素が含まれる遊びです。お家に帰ってから寝るまでにすることは毎回変えてもおもしろいですし、日常生活を再認識することにもなります。

【安全のコツ】「おばけの音」の声にびっくりして、道路に飛び出したりしないよう、広場のような場所で、範囲を決めて遊ぶことをお勧めします。

9 はないちもんめ

1. 遊びの歴史

「ふるさともとめてはないちもんめ…たんすながもちあの子がほしい…」という歌い方もあり、これは関西地方の歌とされています。一方「となりのおばさんちょっときておくれ…」と歌い始める遊びもあり、関東や中部地方に存在するようです。これら別々の歌がくっついて全国に広まったようです。「はないちもんめ」を漢字で表すと「花一匁」で、一匁（いちもんめ）は貨幣の単位です。このような形で歌われるようになったのはそれほど古くはなく、昭和初期ともいわれています。

2. 遊び方

均等な人数で2つのグループに分かれ、グループごとに横一列になって手をつなぎ、もう一方のグループと向かい合います。最初はそれぞれのグループのリーダーがじゃんけんをして勝ち組を決めます。どちらかのグループが0人になるまで続けます。

歌	子どもの動き
①勝ち組：勝ってうれしいはないちもんめ／負け組：負けてくやしい　はないちもんめ	勝ち組が7歩前進し8歩目は踏まずに蹴り上げる。その間、負け組は後退する。次に、負け組が7歩前進し8歩目は踏まずに蹴り上げる。その間、勝ち組は後退する。
②勝ち組：隣のおばさん　ちょっと来ておくれ／負け組：鬼がいるから　行かれない	①と同じことを行う。
③勝ち組：お釜かぶってちょっと来ておくれ／負け組：それでも怖くて　行かれない	①と同じことを行う。
④勝ち組：あの子がほしい／負け組：あの子じゃわからん	勝ち組が3歩前進し4歩目は踏まずに蹴り上げる。その間、負け組は後退する。負け組が3歩前進し4歩目は踏まずに蹴り上げる。その間、勝ち組は後退する。
⑤勝ち組：この子がほしい／負け組：この子じゃわからん	④と同じことを行う。
⑥勝ち組：相談しましょ／負け組：そうしましょ	④と同じことを行う。
勝ち組、負け組：きーまった	組ごとにまるくなって、相手組の誰がほしいかを決め、決まったら、組ごとに声をそろえて「きーまった」という。
勝ち組：○○ちゃんがほしい／負け組：○○ちゃんがほしい	④と同じことを行う。名指しされた子どもは前に出てじゃんけんし、じゃんけんに負けた子どもは、勝った子どもの組のメンバーになり、勝った方が次の勝ち組となる。

3. 楽しく遊ぶために

【導入のコツ】 最初、2つのグループに分かれる際は、リーダー役の子どもがメンバーを決めるのもよいでしょう。その際、年齢や積極性などのバランスが同等になるよう配慮したいものです。

【展開のコツ】 「お釜かぶってちょっと来ておくれ」に対して「お釜底抜け行かれない」や、「お布団かぶってちょっと来ておくれ」に対して「お布団ビリビリ行かれない」などの掛け合いが加わる場合もあります。このように地域によって、いろいろなパターンがあり、また、方言と思われるイントネーションや言葉の違いもありますので、その土地その土地に伝わるものを大切にしたいものです。名古屋出身の私は、「行かれない」ではなく「よう行かん」と歌っていました。

【安全のコツ】 前進後退を繰り返す場面では、横一列で手をつないでいますので、自分勝手なタイミングで隣の子どもの手をひっぱると、肘が抜けたり、肩がはずれたりすることがあります。白熱してきて走ることもあるでしょうが、気持ちを合わせて行いましょう。

10 だるまさんがころんだ

1. 遊びの歴史

10 数えるかわりに、10 文字の語句「だるまさんがころんだ」を唱え、その間に他の子どもたちは隠れるという"かくれんぼ"から発展した遊びともいわれています。地方によっては、「ぼうさんがへをこいた」など歌詞がちがったり、メロディーやリズムがちがったりしますが、その土地その土地に伝わった遊び方を大切にしたいものです。比較的新しいわらべうた遊びのようで、今も多くの子どもたちに遊ばれています。

2. 遊び方

鬼を 1 人決めます。鬼は壁に手をつき、その手の甲におでこをつけるようにします。鬼以外の子どもたちは、鬼から 10m ほど離れたスタートラインに立ちます。

子どもの動き
①鬼以外の子どもは「はじめの一歩」といいながら、スタートラインから一歩だけ鬼に近づく。これがスタートの合図。
②鬼は壁の方に向かって「だるまさんがころんだ」と唱える。鬼以外の子どもたちは、その間だけ、動いて鬼に近づくことができる。
③鬼は唱え終わるとすぐに振り向き、まだ動いている子どもをみつけて名指しします。名指しされた子どもは鬼に捕まり、鬼と小指と小指をからませてつながります。捕まった子ども同士も小指をからませ一列になるようにつながる。
④これを繰り返す。子どもたちは鬼に見つからないように、少しずつ近づき、鬼とつながっている子どもの手を「きった」といいながら手刀できって逃げる。
⑤鬼は「だるまさんがころんだ」と素早く言って手刀で切られた後「ストップ」という。「ストップ」といわれたら、子どもたちはその場に止まる。鬼は、決められた歩数（5歩など）だけ移動でき、鬼にタッチされた子どもが次の鬼になる。

3. 楽しく遊ぶために

【導入のコツ】最初の鬼は、年長の子どもであることが望ましいでしょう。特に展開のコツで示した遊び方で行う際は、だれを鬼にするのかが重要です。そのため鬼が移動できる歩数を、助けた子どもが決められるというやり方もあります。このやり方だと、「15 歩」などと指示して、意図的に次の鬼を選ばせることができるからです。このように、助けに行く子どもと鬼が"あうんの呼吸"で楽しく遊べるよう配慮できれば大したものです。

【展開のコツ】「インディアンのふんどし」という他の遊び方もあります。鬼が見ていないときだけ移動できるルールは同じですが、鬼が振り返った際、踊っていなければなりません。鬼に踊っていないと判断されたら捕まります。大変愉快な遊び方です。また「だるまさんが○○した」という遊び方もあります。これも鬼が見ていないときだけ移動できるというルールは同じです。「○○した」のところは、「本を読んだ」「お昼寝をした」など鬼が自由に決めます。みんなはその指示に従い、本を読んでいる姿勢などで止まります。指示された姿勢でなかったり動いてしまった場合は、鬼に捕まります。

【安全のコツ】助けに行く子どもの「きった」を合図に逃げるわけですが、ぼーっとしていると、前方から後方へ逃げる子どもと衝突しそうになることもあります。小さな子どもには、「きった」で逃げるから注意して見ているようにうながすことも必要です。

6. 伝承遊びを楽しんじゃお

11 とうりゃんせ

1. 遊びの歴史

2人の子どもが両手をつないで門をつくりますが、「天神様の細道」ですから、本当は門ではなくて鳥居です。江戸時代には各地に関所があり、通行手形なしでは往来ができず、親の急病などで役人に頼み通してもらえても帰りは通してもらえないので、このわらべうたができたともいわれています。

2. 遊び方

門役を二人決めます。二人は向かい合って両手をつなぎ肩の高さくらいに持ち上げます。他の子どもたちは、手をつないで円になります。前の人の肩に手をおいて縦につながるやり方もあります。

歌	子どもの動き
①門：とうりゃんせ　とうりゃんせ	歌いながら、順番に門をくぐりながら歩く。人数が少ないとできないが、できれば、全員がつながった円になるように行うとよい。
②子ども：ここはどこの細道じゃ／門：天神様の細道じゃ	
③子ども：ちょっと通してくだしゃんせ／門：ご用のないもの通させぬ 子ども：この子の七つのお祝いに　お札をおさめにまいります	
④門・子ども：行きはよいよい　帰りは怖い　怖いながらもとおりゃんせ　とおりゃんせ	「とうりゃんせ　とうりゃんせ」と歌い終わったときに、門役の子どもは両手を下ろし、そのときくぐっている子どもを捕まえる。捕まった子どもは門役一人と交替する。

3. 楽しく遊ぶために

【導入のコツ】 よく知られているこの曲のメロディーは1921年に本居長世が編曲したものです。芸術的で美しいメロディーですが子どもにはやや難しい歌となっています。最初は掛け合いではなく、みんなで一緒に歌ってもよいでしょう。また、歌だけを歌う機会があってもよいですし、保育者が歌い、歌を聴いて楽しみながら遊ぶというのもよいと思います。

【展開のコツ】 門をくぐる子どもの列が途切れてしまうと、捕まる子どもがいないという事態が起こってしまいますので、できれば十人くらいで遊べるとよいでしょう。

【安全のコツ】 遊びが白熱し、門に捕まりそうな場面で走ることもあるでしょうが、隣の子どもの手を自分勝手にひっぱって肘が抜けたり、肩がはずれたりすることもあります。一つの方法として横につながるのではなく、前の人の両肩に両手をおいて縦につながるのもよいでしょう。

【参考文献】
小川清実（2001）『子どもに伝えたい伝承あそび　起源・魅力とその遊び方』萌文書林.
『日本のお手玉の会　ホームページ』http://www.otedama.jp/index.html　2014.7.8 取得.
芸術教育研究所（1981）『わらべうたあそび12ヶ月』黎明書房.
芸術教育研究所（1990）『伝承遊び事典』黎明書房.
太田才次郎（2003）『日本児童遊戯集』平凡社.
投げゴマ検定表、遊び学遊邑社．http://homepage3.nifty.com/yuuyuu-sya/select/dankyui/dankyui01.htm　2014.7.8 取得.

今を見つめ未来を考える：伝承遊びと本質

「伝承遊び」とは一体どんな遊びなのか、整理して考えてみると右の表のようになります。昔から現在に至るまで、そしてこの先も遊ばれるであろう「伝承遊び」をつぶさに観察すると、R・カイヨワが言う遊びの4分類のいずれかの要素が含まれ、国や人種、民族に関係なく、また子ども大人を問わず、人が楽しむことのできる遊びであるとも言えます。世界の遠く離れた地域で、似たような遊びが伝えられて楽しまれているのは、こういった点からも納得できることです。「伝承遊び」とは、過去・現在・未来をも含めた、子どもたちが創り出す人類共通の「遊びの文化」なのではないでしょうか。

伝承遊びとは
○かつて伝承されていた遊び ・文献のみに見られる遊び。 ・実際に子どもに遊ばれなくなってしまった遊び。 ・大人の思い出になってしまった遊び。 ○現在も伝承されている遊び ・昔の子どもが遊んでいて、今の子どもも遊んでいる遊び。 ○新しく起こり、これから伝承されていく可能性の高い遊び ・今まで見られなかった遊びではあるが、今の子どもが遊んでいて、これからも遊び続けられることが予想される遊び。

小川清実『子どもに伝えたい伝承遊び　起源・魅力とその遊び方』萌文書林より

R・カイヨワによる遊びの分類
○アゴーン（競争） ・かけっこなど、他者と競い合いを楽しむ遊び。 ○アレア（偶然） ・靴飛ばしの天気占いなど、偶然性を楽しむ遊び。 ○ミミクリー（模倣） ・ままごとやごっこ遊びなど、模倣し演じることを楽しむ遊び。 ○イリンクス（めまい） ・不安定さやスリルを楽しむ遊び。

　子どもが本来的に楽しみ創造してきたはずの「伝承遊び」が、子どもの遊びの変化と歩調を合わすように、衰退していると言われています。大人に遊び道具（ツール）と遊び方（ルール）を決められた子どもたちは、自由な発想で遊びを考えられなくなってきているのです。そのことに危機感を抱き、大人は子どもたちに「伝承遊び」を教えようとしています。しかし、なかなか定着していかないというのが現実なのではないでしょうか。その原因の一つは、教え方にあるのかもしれません。どんな遊びでも、「こうやって遊ぶものだ」という「教え込み」をしてしまえば、子どもにとって楽しいものになるはずがありません。また、子どもの想像力・創造力が低下してきていることも一因かもしれません。子どもの想像力・創造力の低下は、人類の未来に関わる重要な問題です。しかし、この問題の根本的な要因は、大人の言うことを静かに聞いて、そのとおりに実践する子どもを「いい子」としてしまっている大人に責任があるのかもしれません。大人自身が、大人が考え出したゲーム機やカードなどで、決められたルールの範囲で遊ぶ子どもたちをよしとしているのではないでしょうか。

　さらに言うと、遊びを成立させるには、「時間」「空間」「仲間」という3つの「間」が必要だと言われています。この3つの「間」が、現代の子どもたちにあるでしょうか。お稽古事や親の都合で時間に追われる子どもたち、安全性の問題などから遊び場を奪われる子どもたち、子どもの数が減り、同年代はもちろん異年齢集団で遊ぶことも少なくなってきている子どもたち、どの子どもたちの姿も想像することは簡単です。

　さて、一方で大人の生活はどうでしょうか。忙しさ故に「時間」を失い、家と職場の往復のみという限られた「空間」で過ごし、気の置けない「仲間」と過ごす時間もなくなっている。3つの「間」は、我々大人社会でも欠落しているのではないでしょうか。

　「伝承遊び」が衰退していく原因は、子どもたちを取り巻く大人に責任があるのではないでしょうか。子どもたちが「昔の遊びをしなくなった」と嘆く前に、「伝承遊び」の根底にある「人間にとっての楽しさ」を見つめ直し、子どもたちの手本となるように、心豊かに「遊び」を楽しめる大人になりたいものです。そのことが、「伝承遊び」復活の鍵になるのかもしれません。

第7節 親子で遊んじゃお

　子どもの頃、親子でからだを使って遊んだ記憶はありますか？　きっとユラユラされたり、高い高いをしてもらったり、中にはグルグル飛ぶように回してもらった人もいるのでは…。子どもが喜んでいる姿を見ると、親の方もうれしい幸せな気持ちになります。お互いの相互作用がさらに深い愛情と親子の強い絆にもつながります。積極的に親子での遊びやスキンシップを取り入れ、子どもの心とからだに目を向けるようにしましょう。

第2章 さあ、子どもと遊んじゃお！

1 フワフワブランコ

1. 遊び方

ふわぁ〜・ゆら〜ん・ぶら〜んと、心地よい揺れを楽しみます。

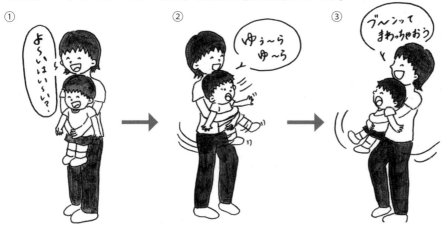

① からだに密着させるように、しっかりと持ち上げる。

② 体全体でバランスを取りながら、ゆっくりと左右に揺らす。

③ その場で回る回転ブランコ

2. 味つけ

〈リラックスブランコ〉

子どもを抱き上げて顔を見合わせながら揺れを楽しむ。

〈片手ドキドキブランコ〉

片手を子どもの股下に入れて揺らす。子どもは親の腕にしっかりとしがみつくよう促そう。

〈逆さま抱っこ〉

子どもの身体を密着させ、腰と首あたりをしっかり持ち、徐々にからだを傾けていこう。子どもは頭が下がったら、逆さまの世界を楽しんじゃおう。

3. 楽しく遊ぶために

【導入のコツ】子どもの喜ぶ様子に、親の方もエスカレートしてしまいがち。動きが激しいと、子どもの脳に強い刺激や振動を与えるので、ゆっくり、心地よく楽しむことを事前に伝えましょう。

【安全のコツ】親は、特に腰を痛めないよう、子どもを持ち上げるときは、ひざをしっかり曲げたり片足を前に出したりして、注意して行うようにしましょう！

7．親子で遊んじゃお

2　くっつき虫

1．遊び方

子どもは親に抱きつき「くっつき虫」に変身！　親はそっと手を離して子どもが落ちないか様子を見ながら動き回ろう！

① 子どもは手と足で親にしっかりと抱きつき「くっつき虫」になる。
② 親は確認しながら手をそっと離す。
③ 歩きながら散歩。
④ ユラユラ踊るように。
⑤ 近くの親子と逆さまで挨拶をしてみよう。

2．味つけ

〈足にくっつき虫〉

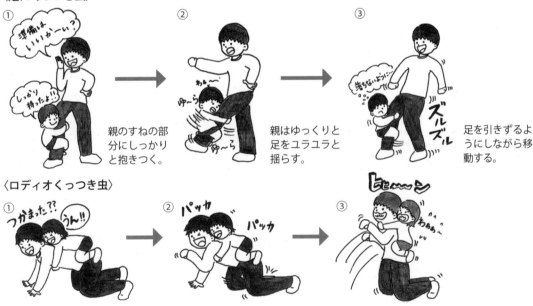

① 親のすねの部分にしっかりと抱きつく。
② 親はゆっくりと足をユラユラと揺らす。
③ 足を引きずるようにしながら移動する。

〈ロディオくっつき虫〉

① ロディオのように親の背中にしっかりくっつく。
② 親は体をユラユラ揺らす。
③ 歩き回ったり上体を起こしたりする。

3．楽しく遊ぶために

【導入のコツ】子どもに対して「磁石になって、ピッタンコ」など言葉掛けをし、しっかりくっつくように意識付けましょう！

【安全のコツ】落ち方によって怪我をすることがあるので、親は子どもの様子や動きを見たり、感じながら動きましょう。

3 氷人間

1. 遊び方

子どもは、からだが曲がらないよう、氷のように"カチン"と全身に力を入れ続ける。親はカチンカチンに固まった子どものからだを揺らしたり、持ち上げるぞ！

① "カチン"氷の気をつけをキープ。

② 親は子どもを「やじろべぇ」のように足を支点に揺らす。

③ 力を抜いたりしてからだが曲がったら駄目ですよ。

2. 味つけ

〈氷キャッチボール〉

大人二人が両横にスタンバイする。中央の子どもを順番に支えてから押し戻す動作を行い、子どものからだが左右にゆっくり揺れるように動かす。

〈空中浮遊〉

① 子どもは腕をからだの横に密着させ、手首を曲げながら掌を真下に押すように肘を伸ばして力を入れる。

② 親は子どもの腕がからだから離れないように気をつけながら、ゆっくりと掌を持ち上げてみよう。

手の重ね方

〈お母さん（お父さん）氷を動かせ！〉

今度は親が氷人間に。「四つんばい氷」「足上げ氷」など、いろいろ考えてやってみよう。親のシェイプアップも期待できるぞ。

3. 楽しく遊ぶために

【導入のコツ】はじめは力の入れ方が分からなかったり、倒れる恐怖心から、膝や腰が曲がったりするかもしれません。まずは、小さい動きで安心して確実にできるようにしましょう。

【展開のコツ】氷人間を親子で交代しながらやってみましょう。親の氷人間は、正座、長座など色んなパターンが考えられます。親子でアイディアを出し合ってみましょう！

7．親子で遊んじゃお

4 手押車

1．遊び方

〈手押車〜合体ヒコーキ〉

　親が子どもの脚部を軽く持ち上げ、子どもは手で歩いて移動します。

　子どもが腕で支えられなかったり、からだが反りすぎる場合などは、足首ではなく、膝を持ったり、さらに太ももを持つなどして対応しよう！

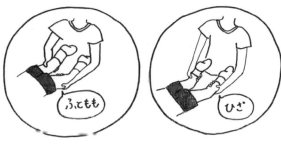

膝やふとももを持つときは、5本指と掌で下から支えよう！

両手をしっかりと下に伸ばして着く。親は子どもの足首をそおっと持ち上げる。子どもが手で歩けるスピードで進む。状況に応じて、子どもの足を持つ位置を変えよう。

2．味つけ

〈手押車〜合体ヒコーキ〉

　手押車の後、背筋を使った親子合体ヒコーキで飛び回るぞ！

① 子どもは足で親のからだを挟む。親は子どもの腹部に手を当てる。

② 子どもが上体を起こすのに合わせて、親は子どもの腹部を持ち上げる。

③ 子どもは背筋を使ってヒコーキ姿勢をキープ。親は手で補助をしながら移動する。

3．楽しく遊ぶために

【導入のコツ】手押し車では、親は子どもの腕の支持力を感じながら足を持ち、弱いと感じれば太もも→膝→足首の順で試してみましょう。子どもの能力を感じながら、必要最低限の補助が理想です。

【展開のコツ】手押車の進行方向は、前だけではなく「横」「後ろ」「斜め」「坂道」などにも挑戦してみましょう。

第2章　さあ、子どもと遊んじゃお！

5　膝ノリノリバランス

1. 遊び方

〈膝ノリノリバランス〉

　子どものお尻を、親の両膝の上に乗せ、両手で子どものからだを支えたまま膝を上げて用意。親はそっと手を離して、子どもは膝上から落ちないようにバランスを取るぞ！

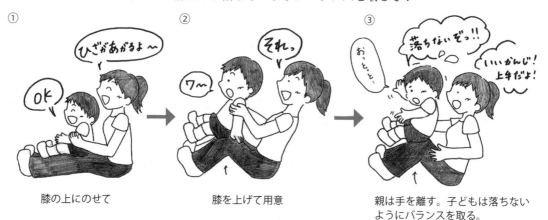

① 膝の上にのせて　　② 膝を上げて用意　　③ 親は手を離す。子どもは落ちないようにバランスを取る。

2. 味つけ

〈フリーフォール〉

　子どものからだを両手で支えた膝乗り姿勢から、一気に膝を"ストン"と下げるフリーフォール感覚を楽しんでみよう。

〈山乗り〉

親の両膝の上に足裏で乗ってバランスをとってみよう。

〈一本橋〉

片膝立ちになった親の太ももの上でバランス。

＊子どもの足を挟まないように！

3. 楽しく遊ぶために

【導入のコツ】最初は、無理に両手を離さず、両手で支えたままバランスをとれるようにしましょう。次第に、片手補助、そして補助無しへと発展させましょう。

【展開のコツ】親は、〈山乗り〉や〈一本橋〉で両手を離していても、すぐに補助ができるよう準備することが大切です。

7．親子で遊んじゃお

6 地球一周

1．遊び方

〈地球一周〉

おんぶの姿勢からスタート。下に落ちないよう、親子で力を合わせてぐるっと一周回る遊びだよ！

おんぶで用意

落ちないように手と足を上手く使って一周すればOK

2．味つけ

〈地球一周スーパーチャレンジ〉

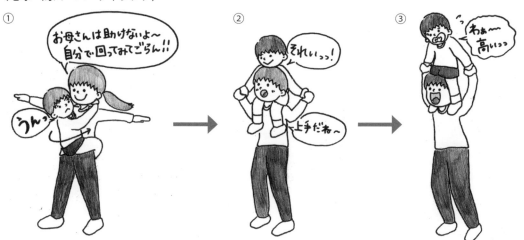

「大の字」の親の周りを自力で一周

①の後、自力で片車ができる？

②が成功すれば、肩の上に登れるか！　このときは、しっかり親子で手を握っておこう。

3．楽しく遊ぶために

【導入のコツ】最初は親子で協力しながら始め、次第に子ども自身の力でチャレンジさせましょう。

【安全のコツ】〈地球一周スーパーチャレンジ〉の②③はバランスを崩すと大変です。また、無理をせず、周囲の危険物をチェックして遊びましょう。子どもが回っているとき、親のからだがユラユラするのであれば、両足をしっかり開いて、どっしりと構えましょう。

第2章　さあ、子どもと遊んじゃお！

7　いろいろトンネル

1. 遊び方

親がつくるいろいろな姿勢のトンネルをくぐって楽しみもう。できるだけトンネルに触らないようにくぐってみよう。イラスト中の☆の間をくぐれるかな？

太もも　　ひざ　　おしり　　おなか

股　　脇腹　　たての腕　　よこの腕

2. 味つけ

〈まてまてトンネル〉　　〈くぐってとんで〉

両足を広げて立ったら、親は子どもの手を踏まないように、足を引きずるようにして軽く逃げるぞ！

子どもはおなかくぐりトンネルと背中とび越しジャンプ（お尻ジャンプ）を交互にくり返し、楽しんじゃおう！

3. 楽しく遊ぶために

【展開のコツ】親子でいろんなトンネルを考え出してみましょう。いくつのトンネルができるでしょうか。集団で親子体操などを行う場合、「全部で5つのトンネルをくぐって、自分のお母さんトンネルに返って来る」などの条件をつけても面白いです。

7. 親子で遊んじゃお

8 ドライブ

1. 遊び方

親の足の上に座り、シートベルト（親の手）を締めたらスタート。親子一緒にドライブを満喫しよう。

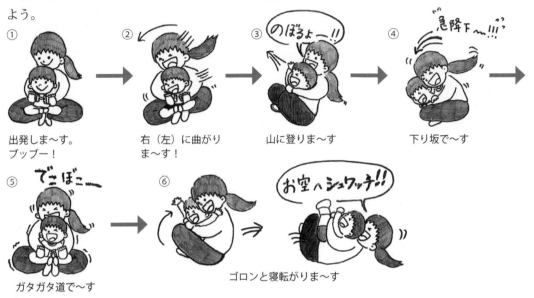

① 出発しま〜す。ブッブー！
② 右（左）に曲がりま〜す！
③ 山に登りま〜す
④ 下り坂で〜す
⑤ ガタガタ道で〜す
⑥ ゴロンと寝転がりま〜す

2. 味つけ

〈お尻ブーブー〉
親はおならを「ブーブー」こきながらお尻を揺らすぞ！

〈お尻車〉
親はお尻を下につけたまま、移動します。

〈おなか車〉
親は、おしりを浮かせて移動します。

〈反対おなか車〉
親のおなかを足ではさみ、お尻のあたりをしっかり持つ。どれだけ進めるか？

3. 楽しく遊ぶために

【導入のコツ】車に乗っているイメージを投げ掛けながら、前後左右の傾き感覚や心地よい振動を楽しみましょう。

【安全のコツ】子どもが喜ぶとつい親も興奮してしまいがち。子どもの様子を見ながら、最初はゆったり、ゆっくりのスピードで発進し、徐々にダイナミックに遊びを展開しましょう。

第2章 さあ、子どもと遊んじゃお！

今を見つめ未来を考える：親子のふれあい時間の減少

　1985年に男女雇用均等法、1991年に育児休業法が制定され、女性の社会進出とともに、共働き家庭が増加しています。こうした社会情勢に伴って、子育てとの両立が容易になるよう保育施設の充実が進められています。しかし、「子どもと過ごす時間が十分にとれない」といった悩みを持つ親も少なくありません。内閣府によれば、小学校4年生から中学校3年生の親子のふれあい時間は、5年前に比べ、「4時間程度」触れ合っている家庭が減り、反対に「15分未満」の家庭が増えています（図を参照）。働いている親として子育てニーズが充実することは喜ばしいことです。一方で親子のふれあい時間は確実に減少しています。

　山口らは、健常者（大学生）と抑うつや不安傾向の高い心療内科の患者とで、子どもの頃の親からのスキンシップの程度を比較しています。その結果、心療内科の患者は健常者と比べ、幼少期において親からのスキンシップが少なかったことを報告しています。つまり、子どもの頃の親子のふれあい、スキンシップは将来にわたり、その人のメンタルヘルスに影響することが考えられます。子どもの健やかな成長を保障するためにも、親とふれあう時間は大切にしたいものです。

　しかし、各家庭には様々な事情があります。長時間のふれあいが難しい家庭も当然あります。そう考えると子どもとのふれあい方（質）がとても大切になります。例えば、赤ん坊の授乳。母親が一方的に働きかけ授乳するのではなく、赤ん坊のシグナルを感じタイミングよく授乳する。ときには見つめあい、また優しく撫でたり、微笑みながら授乳する。そうした関わりが安定した愛着形成につながるのではないでしょうか。親子のふれあいは、親と子の相互作用であり、ふれあいの「量」よりも「質」を問われなくてはならないのかもしれません。毎朝「おはよう」のあいさつと一緒に子どもの頭をなでる。お風呂に入ってからだを洗いあう。何気ない暮らしの中で、子どもと自然にふれあう場面は必ずあります。その中で、子どもとからだと心の交流ができるような親子のふれあい時間を過ごすことが大切なのではないでしょうか。

　ところで、積極的に親子がふれあえる方法として、カンガルーケア、タッチケアが注目されています。カンガルーケアは出産直後から、母親と赤ん坊の素肌を接触させて温めるように抱かせるというものであり、タッチケアは赤ん坊の全身をマッサージすることによりスキンシップを行うものです。乳幼児のからだや心理的健康のみならず、母子関係など多岐にわたる効果が確認されています。

【引用・参考文献】
内閣府、H19低年齢少年の生活と意識に関する調査
山口創（2004）『子供の「脳」は肌にある』光文社新書
堀内他（1999）『カンガルーケア―ぬくもりの子育て　小さな赤ちゃんと家族のスタート』メディカ出版

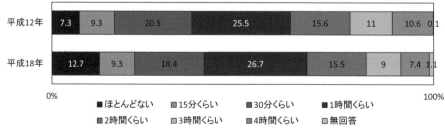

図　子供とのふれあい時間（平日）
※対象：全国小学校4年生から中学校3年生までの男女の両親（回答者2734人）

執筆者紹介

■編著者

坂口 正治
【現職】東洋大学ライフデザイン学部健康スポーツ学科 教授
　　　　日本レジャー・レクリエーション学会 副会長
【主な著書】『野外活動の実践』『子どもから中高齢者まで楽しめるレクリエーショナルゲーム集』（編著）創文企画、他
【本書の担当】まえがき、第2章第2節2, 3及びコラム

嶋﨑 博嗣
【現職】東洋大学ライフデザイン学部生活支援学科子ども支援学専攻 教授
【主な著書】『健康保育の科学』（編著）みらい、『子どもと環境』（編著）一藝社、他
【本書の担当】まえがき、第1章、第2章第1節コラム、第2章第2節及びコラム、第2章第4節

■執筆者

小嶋 信之
【現職】東洋大学非常勤 講師
【本書の担当】第2章第1節、第2章第7節

大和 晴行
【現職】武庫川女子大学文学部教育学科 講師
【本書の担当】第2章第3節及びコラム、第2章第4節及びコラム

北尾 岳夫
【現職】滋賀女子短期大学幼児教育保育学科 准教授
【本書の担当】第2章第5節、第2章第6節1, 2, 3, 4, 5, 6, 7及びコラム

鈴木 智子
【現職】東洋大学ライフデザイン学部健康スポーツ学科 講師
【本書の担当】第2章第6節8, 9, 10, 11

米野 吉則
【現職】兵庫大学健康科学部健康システム学科 助教
【本書の担当】第2章第2節及びコラム、第2章第5節及びコラム、第2章第7節コラム

■イラスト

市野澤 未来
水谷 未奈

幼少期の運動遊び指導入門
元気っ子を育てる運動遊び

2015年5月25日　第1刷発行

編著者　坂口正治・嶋﨑博嗣

発行者　鴨門裕明

発行所　㈲創文企画
　　　　〒101－0061
　　　　東京都千代田区三崎町 3-10-16　田島ビル 2F
　　　　TEL：03-6261-2855　FAX：03-6261-2856
　　　　http://www.soubun-kikaku.co.jp
　　　　［振替］00190－4－412700

装　丁　髙橋美緒（Two Three）

印　刷　壮光舎印刷㈱

ISBN 978-4-86413-069-1
©2015 Masaharu Sakaguchi, Hiroshi Shimazaki